管理之道

刘佳灵 / 著

郑州大学出版社

图书在版编目（CIP）数据

管理之道/刘佳灵著． — 郑州：郑州大学出版社，2019.12
ISBN 978-7-5645-6764-4（2021.1 重印）

Ⅰ．①管… Ⅱ．①刘… Ⅲ．①《道德经》－应用－管理学 Ⅳ．① C93

中国版本图书馆 CIP 数据核字（2019）第 202691 号

郑州大学出版社出版发行
郑州市大学路 40 号　　　　　　　邮政编码：450052
出版人：孙保营　　　　　　　　　发行部电话：0371-66966070
全国新华书店经销
广东虎彩云印刷有限公司印制
开本：710 mm×1 010 mm　　1/16
印张：14.5
字数：137 千字
版次：2019 年 12 月第 1 版　　印次：2021 年 1 月第 2 次印刷

书号：ISBN 978-7-5645-6764-4　　　　　定价：68.80 元

作者名单

刘佳灵　　张　伟

谷晓辉　　耿秋月

序 言

在 KM 公司和刘佳灵一起工作 11 年，一如初见时满怀激情的状态，且随时间推移从未褪色。她工作中目标明确，是个实干家，任何一件交付给她的工作均能竭尽全力做到完美。职场中能力强且态度好的管理者凤毛麟角，更难得的是她还善于分析总结找规律方法，继而孜孜不倦带教传播，惠及他人。

管理是一门科学，更是艺术。管理的真谛一定是从实践中来，提炼升华，再回归到实践中去反复验证形成体系。她超强的学习力和坚韧不拔的毅力，一直推动着她不断提升自己对管理的认知，对人性的理解，对性格的剖析，研究性格与管理成败之间深刻的联系。

从 2010 年开始，她深入学习九型人格，师从国际九型导师协会机构中国区"国际九型导师"督导、国际九型人格实战专家、中国九型人格导师协会副会长、九型人格脑心腹能量叠加补偿理论和二十七型快速辨识理论法的创始人张立波导师；并成为张立波导师和九型书院的首批九型人格认证导师、中国首批性格分析师、国家高级企业培训师。然而她并不满足于此，深研道家管理精髓，结合多年职场累积的管理经验，形成一套系统科学的性格分析理论，本书称之为"佳灵性格分析"理论，用大量的事实、案例、人物支撑，生动有趣，层层递进，去阐释管理的精妙与规律。

在职场能够终生学习的人并不多，但坚持下来必有所成。管理不是空中楼阁般的推演与臆想，更不是闭门造车的狭隘与主观，它需要投身企业发展的洪流中和每一位职场人同呼吸共命运，感受真实的律动与变化。她在多个管理岗位历练成长，每年几十场的综合管理培训，始终以鲜活的案例育人，时刻把握企业发展的脉搏和群体变化的差异性。

"是以圣人常善救人，故无弃之人，常善救物，故无弃物，是谓袭明"，管理的本质是人尽其才。此书就是引领你拨开迷雾，精准识人，更好地发挥人的优势，悉心培育带教，合理配置团队，使管理效益最大化，是非常实用的中层干部技能提升的管理工具。

寥寥数语，如管中窥豹，无法全面地解析全书的核心精神与思想。作为一名管理者，无论处于哪个管理阶段，解决的都是人的问题。了解管理对象的性格，则非常有助于提高管理水平。

对于职场人，更需要了解自己的性格，从而学会如何与人相处才更有生存能力。性格决定命运，古往今来，莫不如此，即便是英雄人物也概莫能外。

眼睛是心灵的窗户，性格是打开心灵的钥匙。当你读懂了，也用对了，任何你期待的美好结果都是水到渠成的事情。

张荣华（金域医学集团华中大区人力资源总监）
2018 年 12 月 12 日

目 录

第一章 绪言 / 1

第二章 "佳灵性格分析理论"在管理中的应用 / 7

 第一节 "佳灵性格分析理论"的产生 / 8

 第二节 "佳灵性格分析理论"概述 / 10

 第三节 "佳灵性格分析理论"之领袖型 / 18

 第四节 "佳灵性格分析理论"之活跃型 / 25

 第五节 "佳灵性格分析理论"之情感型 / 33

 第六节 "佳灵性格分析理论"之实干型 / 41

 第七节 四种性格对比分析及总结 / 50

 第八节 性格类型的评估方法 / 72

 第九节 学习四型人格的意义 / 127

第三章 道家思想在管理中的应用 / 134

  第一节 道家管理"六步法" / 135

  第二节 道家对管理者的要求 / 155

第四章 解读老子的管理之道 / 176

附 录 《道德经》部分章节原文、译文及注释 / 183

后 记 / 219

第一章 绪 言

冥冥之中，似乎有一种力量推动着我，要做一些事情，并让我因有与众不同的人生而有所思。

我在上小学三年级的时候发生了一件事情。上课的时候我同桌突然抽风，把纸揉成团，砸向语文老师，语文老师顿时火冒三丈，要追查肇事者并要找家长。下课的时候，同桌向我求助，希望我能帮助他扛一下。可能是因为我比较老实，也或许是因为哪根神经出了问题，我二话没说竟然答应了！于是我找到老师，告诉他纸团是我砸的。老师倒是没责备我什么，却把这件事情告诉了我的伯父，我伯父也是这个学校的老师。于是，伯父把我叫到办公室，让我伸出右手，掌心向上，他拿出30厘米长的戒尺，重重地打了一戒尺，问我为什么这样做。我一言不发，伯父更是生气，继续打着问着，最后，伯父打累了，而我的右手也肿起了老高。

放学回到家时，父母已经知晓了此事，当然，又把我痛打了一顿，连哥哥也气得端起一盆凉水从我的头上泼了下来。母亲怕我出事，及时制止了他们。而我就像一个得胜的士兵，握着拳头，穿着湿漉漉的衣服，就站在院子当中。脑子里却一直在思考着一个问题：他们为什么要改变我？我为什么不说一句我错了？

直到母亲哭泣着把我叫进房间换衣服，我才知道，我是不想因任何人而改变自己的行为。

多年以后，我明白了，人的行为是受性格影响的，而性格是天生的，很难因任何人的影响而改变，除非他自己愿意改变。

以后的学习和实践，让我认识到在工作中，管理者和被管理者的个体性格差异，对管理的方法和结果影响很大。人的性格差异很大，且往往难以改变，如果不考虑性格因素，一味地依靠制度管理，不仅看起来简单粗暴，也不会达到预期的效果。

《道德经》（部分章节原文见附录，下同）第十七章有云："悠兮其贵言，功成事遂，百姓皆谓：我自然。"意思是，最好的管理者悠然自得，很少发号施令，功德圆满、事情办成时，老百姓都说"我们本来就是这样子的"。

恍然大悟啊！原来古人早就说出来这些道理了！每个人都有自己鲜明的主张和个性，任何人都不要试图改变他人、控制他人，而应该循其性格，因势利导，扬长避短，管理工作方能水到渠成。

于是，我又研读了《道德经》。

通过学习，我认为，作为先秦时期的主要思想流派，道家思想充满了朴素的辩证观点，作者洞察天地人，不仅指出了自然变化之规律，而且直指人心，给出了人类社会的运行规律，并倡导顺其自然、无为而治的管理思想。

但是在现实工作中，很多人就抱怨，管理工作不好做。其实，我国古代就产生了很多哲学家，他们的思想就像一颗颗耀眼的"钻石"，闪烁着智慧的光芒。台湾智慧大学校长曾仕强教授曾说过：我们中华民族和其他民族的性格都不一样，我们受传统文化影响巨大，我们的血液里流淌着易经的思维，我们有属于易经式的人性思维。在我看来道家和儒家的核心观点都来自于《易经》。儒家：乾卦。天行健，君子以自强不息。员工要主动拼搏，永不停息。道家：坤坤。地势坤，君子以厚德载物。管理者主动容载，支持一线。每个人都既是员工，又可能也是管理者。这是我的写作理解。希望对大家有所帮助。

我们为什么不把面纱摘去，让"钻石"把光芒闪耀出来呢？

目前，也有很多管理者，经常遇到的困惑就是，没有好的办法识人鉴人，从而不能很好地用人；不知道如何培养下属，所以经常是自己忙得焦头烂额，而效益并未提升，下属也没获得成长，既不理解也不感恩。

很感谢 KM 集团给了我大区的工作平台，让我有了更多的机会，接触到更多的管理人员。在接触的过程当中我明白了为什么有些人优秀，有些人平庸。而平庸的人，多半是因为他的思维受限，或者说没有从传统文化中学习到管理精妙。

道家的鼻祖老子就提出：人尽其才，物尽其用才是最智慧的管理方法。

《道德经》二十七章："是以圣人常善救人，故无弃人，常善救物，故无弃物，是谓袭明。"我的理解为：人人有才但人无全才，扬长避短人人可成才。圣人能够做到人尽其才，所以没有无用的人，经常做到物尽其用，所以没有废弃无用的物品，这叫不露的智慧。

大学毕业近二十年，到目前为止，我欣喜地发现，我带教过的人都很优秀。在TL公司工作五年中，挖掘培养出两位老总，三名部门经理。非常感恩当年的董事长，他特别地信任厚爱我，让我像坐上火箭一样，三年期间从普通的一名销售人员升任到公司全国营销副总；在KM公司的十二年，我从地区经理做起，挖掘培养出5位老总，部门经理数名。有一次和一位同事吃饭，他可能喝得多了，说我和春秋时期的孔夫子一样，门生遍天下。这当然是个玩笑话，但也算是肯定了这些年来我的工作成绩吧。

《道德经》二十七章："善人者不善人之师；不善人者善人之资。"说的就是管理者要用助其成长之心对所有的下属尽心培养，同时善于总结各自的优点，让下属互相借鉴优点助其成长。

我带教新员工的时候，就喜欢研究下属，总结他们的优点，而后告诉新人向谁学习，学习什么；谁的哪一点不要学习。这不正验证了"善人者不善人之师；不善人者善人之资"吗？

《易经》上说：一阴一阳谓之道，阴中有阳，阳中有阴。阴阳既可以互补，也可以相互转化。人无完人，任何优秀的人也有不足的一面；任何能力不足的人也有其有用的一面。只要我们看到他人优秀的一面，真心理解其不足的地方，在管理上做到人员能力互补，就能做到人尽其才，物尽其用；对其不擅长的地方加以辅导和引导，明晰"善人者不善人之师"的要妙精髓，就能培养出更多优秀的人。对人的管理，就是基于对其性格的准确理解和把握，然后运用适当的引导和利用，使人的能力发挥到极致。这就是道家的管理智慧啊！

回到开始的话题。有朋友问了，你在 TL 公司干得好好的，都已经负责全国销售了，为什么去 KM 公司做地区经理呢？性格！我当时对性格的理解还不这么深刻，就觉得自己的发展走入困局，能力驾驭不了更大的责任。没那么大能耐。现在我才明白，如果当年我就掌握了性格分析理论，或许我的人生会走向更广、更高；如果当年我能够接触《道德经》，知道"有余者损之，不足者补之"的道理，或许我的人生会更加如鱼得水。可是，没这么多如果……

每个人的性格都有优点和缺点。我性格的不足就是过于追求安全而缺少关注大局的战略思维，如果我当时能够认识到这一点，找到一个性格互补的搭档或许就可能带给企业更大的帮助。

那么，我们怎么能知道他人的优势和不足之所在呢？人是性格的奴隶。我们举个例子：请您轻轻地闭上眼睛。你的脑海中不要去想有一只猫，不要去想有一只黑猫，不要去想有一只黑猫在你的面前走来走去，不要去想有一只黑猫在你的腿边走来走去。

好了，睁开眼睛，脑海里看到猫了吗？肯定看到了猫。这就如同性格在不知不觉地影响大家，大家却不自知。人只有了解了自己和他人的性格，才会知己知彼。

《道德经》第三十三章说"知人者智，自知者明，胜人者有力，自胜者强。"也就是说能够了解认识别人叫作智慧，能认识并了解自己才是真正的聪明；能战胜别人是有力量，能克制自己的弱点才算是真正的强者。

管理者怎样才能做到知己知彼、知人善任、自知自胜的道家管理呢？神话故事中，众神在创造人类后，同时把开启心灵的钥匙放在了人类的心灵深处。在我多年的工作和学习中，总结了一套非常实用的性格分析理论，在本书中称之为"佳灵性格分析理论"。

在本书中，我希望能借助"佳灵性格分析理论"，以及通过对《道德经》部分内容的共同学习，来讨论一下管理之道。

我也清楚，我对中国的传统文化知之甚少，甚至也不太明白其深刻含义，但我能够做到"闻道，勤而行之"；我渴望通过共同的学习，让我们的优秀传统文化发扬光大；也希望能借此机会启发更多的管理者。

第二章 "佳灵性格分析理论"在管理中的应用

每个人天生都是独一无二的个体。

"佳灵性格分析理论",通过对人们社会行为和外在特点的观察研究,揭示了四种不同性格的思维模式、行为模式和情绪模式,其中思维模式又影响着行为模式和情绪模式。

在"佳灵性格理论"中,人的性格被分为四种基础性格:领袖型、活跃型、情感型、实干型。而你必然属于其中一型,这一型就是你的基本性格类型。

一个人的基本性格类型是不会变的。

在现实生活中,基本性格类型可能因某些因素有某部分的隐藏或调整,但不会真正改变。虽然人的基本性格类型不会改变,但是某一型的典型描述,不一定完全符合每一人,因为每个人的成长环境独一无二,人们为了顺应环境、适应社会,有可能会做出调整从而出现一些差异。所以同类型人除了各自拥有属于各类型性格的特质行为外，同时也会拥有其他性格的一些特质行为，只是表现的强弱不同。四种性格中，每一类型的人都有其优缺点，但没有好坏之分。

第一节　"佳灵性格分析理论"的产生

那么，"佳灵性格分析理论"是怎样诞生的呢？

2007年我从TL公司辞职到KM公司工作，在KM河南公司负责豫南区域的销售工作。销售工作对我来说驾轻就熟，成绩肯定优异；很快就升为业务部副经理；2010年很荣幸，被领导认可，到市场部做部门经理。

但到市场部之时，却是我苦日子的开始，因为当时我不懂按性格管理，而且内部沟通也不是我性格中的强项。这使我恍然大悟，为什么我在TL公司干不下去了，除了追求安全的保守思维之外，还有就是不善于内部协调工作。

在业务部工作做得出色，那是因为业务部的管理不是内部管理：每人有各自区域，各尽职守，管理者给大家正确的目标和方向就可以了。

而在KM公司的市场部，首先，市场部管理人员需要让自己的思维和方法，在没有上下级关系的情况下让业务部认可并执行。而当时的市场部比业务部成立得晚，人员比较新，作为后来者，你有什么资格对业务部指手画脚？所以业务部并不积极执行市场部的政策。这样一来，市场部人员怨声载道。其次，市场部内部的工作，也需要相互之间的配合才能有效开展，因为有相当一部分的工作单独一个人是不可能完成的，但是每个人又都觉得自己的方法是对的，希望别人按自己的方法去做。还有一个常见的心理状态就是觉得：我凭什么要配合你！

工作的混乱导致了思想上的痛苦。痛苦了一段时间之后，我觉得我要成长、要改变。所以说，成长源自要改变痛苦的现状，源于自己要改变。

我阅读了担任 GE 管理发展中心主任奈德·赫曼 (Ned Herrmann) 博士的全脑模型 (whole brain model)；我又学习了九型人格。在这里，非常感谢我的恩师，国际九型人格实战专家、九型人格脑心腹能量叠加补偿理论和二十七型快速辨识理论法的创始人张立波导师；九型书院创始人李鸿彬老师；他们让我深入地了解了九型人格的系统理论，感知了九型人格的魅力与伟大之处。

在研究性格的过程中我发现，对于全脑模型，需要做大量的题，不那么方便、实用。而九型人格是很系统、很实用的学问，但学习起来并不容易，不是所有人都能很好掌握。我就想能不能有种更简便的方法，让大家在日常生活、工作中就能观察判断出对方的性格。

在我十分困惑的时候,想到《道德经》第十六章的一段话:"致虚极,守静笃,万物并作,吾以观其复。夫物芸芸,各复归其根。"意思是尽可能地使自己显得虚若无有,尽可能地保持清静,在事物波起云涌、循环往复的演变中,我们就可以观察它们的状态。万事万物虽然纷纭繁杂,但它们最终都要归结于根本。

顿悟!为什么我不去静心观察,找出其中的规律呢?

我就开始按《道德经》第四十八章"为学日益,为道日损"的方法,逐渐增加自己的知识,尽可能地保持静心,逐渐减少自己的主观意识,研究我身边伙伴们的日常行为、外表和性格的关系,归纳并总结其规律。越研究、越总结,越相信"相由心生"。我开始观察研究伙伴们的长处和不足,研究他们擅长的行为模式。结合以前所学知识,终于整理出一套我自己的性格分析理论——"佳灵性格分析理论"。

第二节 "佳灵性格分析理论"概述

"佳灵性格分析理论"和其他性格理论不一样的地方是不用做题或借用其他资源,只需要从日常生活中观察自己和他人的行为模式以及情绪模式,就能判断出对方的思维模式,进而确定其基础性格,简单易学,方便实用。

"佳灵性格分析理论",能快速让人了解自己真实的性格模式,知道自己性格的优势与不足;在了解清楚自己的性格局限后,尽量学会扬长避短,令自己更上一层楼。"佳灵性格理论"还能深入了解他人的性格,找到与他人高效沟通的方式,最重要的是可以帮助管理者认清自己及下属属于哪一种性格,取长补短,求同存异,对于下属能够做到人尽其才、各显其能,从而大大提高管理水平。

四种基础性格的基本概述:

领袖型:相对理性。自信果断;关注事情进度的同时也能关注到人际关系;雷厉风行,目标宏大又能重视战术;做事情全面推进、注重结果的一种类型,但有时缺少人情味。

他们的着装利落得体,说话底气十足,肢体动作有力。

活跃型:冲动。思想活跃,相对冲动。喜欢创新,容易被新思想、新方法所吸引,有大局观,但想法过多注意力容易分散。亲和力强,易与团队打成一片,很难关注工作的细节和深度。

他们的穿着注重品牌;声音洪亮;热情;肢体动作开合比较大。

情感型:感性。细腻敏感,相对感性;做事情喜欢就专注,如果愿意也能全面推动事情发展;对人要么冷漠要么热情。内心深处有着浓烈的情感归属情结,若无法开导,是最难交往的人,如果愿意又能给他人特别温暖的帮助与支持。

他们穿衣服比较协调,耐人回味,声音富有情感;肢体动作相对优雅。

实干型：比较理性。务实诚信，踏实靠谱，重实际；重视事情结果，不太关注内部人际关系；思维格局不够开阔；会在行动之前谨慎思考，容易拖延，思考清楚后就大胆地向前冲。

他们的穿着比较低调单一，语言少，无情感链接；肢体动作幅度较小。

四种性格的外在行为特征，如图 2-1：

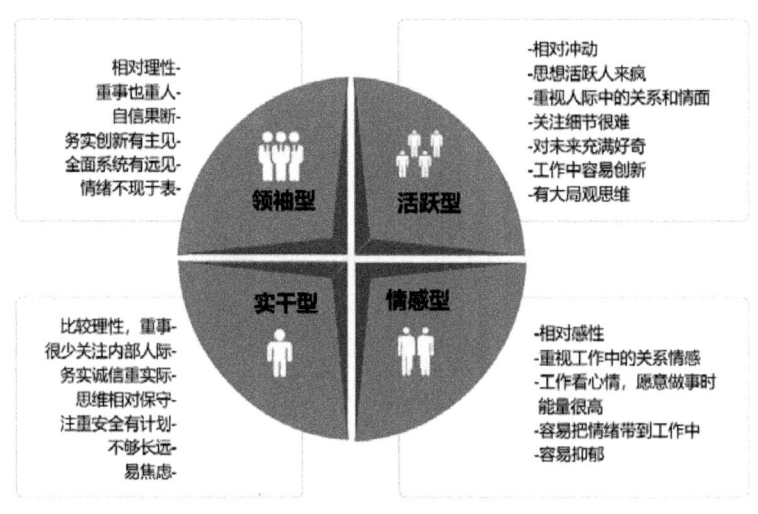

图 2-1 四种性格的外在行为特征

具体说明如下：

1.四种性格中的每一型人都有其优缺点，但没有好坏之分。每个人除了基础性格能力外，其他性格方面的能力也会有，只是善于使用这种能力的程度不同，也就是善于使用这种能力的百分比占比不同，百分比能力最高的性格区域的就是你的基础性格，占比最低的是你最不擅长的行为能力。日常主要受基础性格影响而惯用自己的基础性格能量。

2. 格局维度的区分：领袖型和活跃型性格的人相对格局较大，特别是领袖型的格局相当大，不仅能从大局出发，还能着眼于未来；情感型和实干型为自我格局。情感型的自我格局为自我的情感格局，感兴趣时能力很高，能全面推动事情向前发展；不高兴时开始情绪化，行动力就比较小。实干型的自我格局为我所在圈子的格局，包括自己和自己的团队，格局的大小和自己在团队中所处的位置有一定的关系，比如一般员工可能关注的是自己工作范围内的人和事，部门经理关注的是部门工作范围内的人和事。实干型性格的人，事物一旦在他们的掌控范围内他们就会大胆向前冲，非掌控范围因焦虑安全性，看上去保守不前。如图2-2。

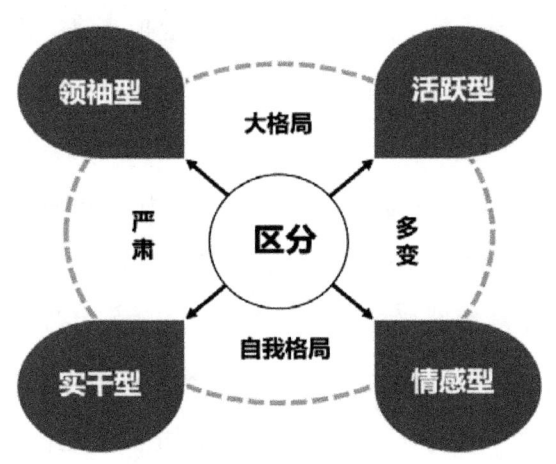

图 2-2　四种性格的区分

3. 外在表情维度的区分：活跃型和情感型性格的表情或情绪

相对比较丰富多变；活跃型思维活跃变化快，面部表情丰富，是团队的活跃剂；情感型情绪变化很快，好情绪时给人的感觉很温暖，而情绪化时往往会产生尴尬；领袖型和实干型性格的人相对理性而严肃，更务实有责任感，特别是实干型的人面部表情相对严肃。

4. 四种性格都是天生的，其中领袖型和情感型的人相对比较少，特别是领袖型。一般情况下通过觉察，每个人都能提高自己非基础性格的长处能力。但基础性格不会变；或有名师、领导带教辅导也会提高自己非基础性格的能力。

5. 非基础性格的长处能力和基础性格的能力区分：基础性格就是突发事件时不经过思考的下意识行为，而非基础性格的长处能力就是大脑通过思考后所采取的措施行为，而且行为对结果是正向的。比如说：路上遇到一条蛇从树上掉下来，有的人僵住、有的人吓得闭上眼睛大叫、有的人立即逃跑等。第一反应就是基础性格的反应，但过了几秒后，看是条无毒的蛇，有可能会拿棍挑开，这就是经过大脑思考后所做出的行为叫非基础性格的能力。长处能力顾名思义就是对你性格有互补、有正向影响的能力。

6. 四种性格类型与能力的高低、品德的好坏没有直接关系。管理者要明白，四种性格没有好坏之分，学习四种性格的目的是为了人尽其才、求同存异和优势互补。如果我们用人所短，人人都是废物，失其所长者弱；如果能用人所长，人人都是将才，用其所长者胜。领袖型性格和情感性性格为互补性格；活跃型性格和实干型性格为互补性格。

为了便于理解，我们用《西游记》中的唐僧师徒来分析一下这四种性格。

唐僧师徒的搭档太经典了。唐僧有长远目标，且目标坚定，依据眼见为实，全面推进取经工作，在"总部"也有人脉关系，应该属于领袖型性格；孙悟空能力很强，对老师菩提老祖情意深厚，但情绪化严重，说不干就不干，很感性，属于情感型性格。猪八戒人际关系好且人来疯，好高骛远想法多，不愿踏实工作，能调和团队氛围，活跃气氛，属于活跃型性格。沙和尚按部就班，踏实肯干，忠诚，内部沟通上一般。为什么唐僧对孙悟空又爱又恨，沙和尚对猪八戒也是没脾气呢？因为互补性格的人因各自性格的长处能力而互相吸引，但同时也因各自性格的不足能力相互厌恶；工作上相互包容才能配合默契。

处理这种不同性格之间的关系，可以从《道德经》第二章中领会其精髓。"天下皆知美之为美，斯恶矣。皆知善之为善，斯不善矣。故有无相生，难易相成，长短相形，高下相倾，音声相和，前后相随。是以圣人，处无为之事，行不言之教。万物作而弗始，为而弗志，功成而弗居。"就是说天下人都知道美之所以为美，那是由于有丑陋的存在；都知道善之所以为善，那是因为有恶的存在。所以有和无互相转化，难和易互相形成，长和短互相显现，高和下互相充实，音与声互相谐和，前和后互相接随，这是永恒的。因此圣人用无为的观点对待世事，用不言的方式施行教化；听任万物自然兴起而不为其创始，有所施为但不加自己的倾向，功成业就而不自居。

我们在管理的时候也要顺其自然。有和无互相转化，难和易互相形成，长和短互相显现，性格的长处和不足也可以相互转化。关键是我们要引导得当，能因势利导。是存在的就是最合理的，只要引导得当，不足也可以是优势。

有一个10岁的美国小男孩里维，在一次车祸中失去左臂。但是，他很想学柔道。最终，里维拜一位日本柔道大师做师傅，开始学习柔道。3个月里，师傅只教了一招。

几个月后，师傅第一次带里维参加比赛。里维没有想到，自己居然轻轻松松地赢了前两轮。第三轮稍稍有点艰难，对手很快就变得有些急躁，连连进攻，里维敏捷地施展出自己的那一招，又赢了。就这样，里维稀里糊涂地进入决赛。

决赛的对手比里维高大、强壮许多，似乎更有经验。有一段时间，里维显得有点招架不住，裁判担心里维会受伤，叫了暂停，打算就此终止比赛。然而，师傅不答应，坚持说："继续下去。"

比赛重新开始，对手放松了戒备，里维立刻使出自己的那一招，制服了对方，赢了比赛，夺得冠军。回家的路上，里维和师傅一起回顾每场比赛的细节。里维鼓起勇气道出心里的疑问："师傅，我怎么凭一招就能赢得冠军？"

师傅答道："有两个原因：第一，你几乎完全掌握了柔道中最难的一招；第二，就我所知，对付这一招唯一的办法，是对手抓住你的左臂。"所以，里维最大的劣势变成自己最大的优势。

《道德经》第三十七章说"道常无为而无不为"。"无为"就是指顺应规律自然而然的变化；"无为而无不为"就是顺应规律自然而然的变化且不妄为而使天下得到治理。"无为"并不是什么都不做，而是不妄为、不乱为，顺应客观态势，尊重自然规律而有所作为。管理者需要做的事情就是用"无为无不为"的观念去滋润下属、培养下属成长，用取长补短的方式去建立团队协作，欣赏并支持他们的长处性格而不要把关注点聚焦在其不足上；成功之后也不要占有他们的功劳。这就是自然规律中的大"道"，"道"就是按规律办事，观察规律，运用规律，顺势而为。

《道德经》第一章："道可道，非恒道。名可名，非恒名。无名，万物之始；有名，万物之母。"就是说可以明明白白地表达出来的规律，就不是永恒不变的根本规律；可以描述出来的形状、特性、功能，就不是永恒的本质。空灵虚无，用来形容万事万物的原始状态；具体形态，用来形容万事万物的生长发展及呈现。存在的就是合理的，"道"呈现出四种不同性格的人，就是为了让四种性格各司其职。

下面我们分别阐述四种不同的性格类型。

第三节 "佳灵性格分析理论"之领袖型

一、领袖型性格的概述

他们伸张正义，敢作敢为，爱憎分明，果断自信，豪爽义气，他们是天生的领袖和掌控者，在处理事情进展时的人际关系极好，他们有长远目标和大局观，而且重视客观存在的事实，能够通过调研、分析、深入研究等支撑决策，但是很多时候，他们由于过于锋芒毕露，会让周围的人感受到强烈的侵略性。其实，这种人的内心深处中也有柔软的一面，保护欲很强。

企业在招聘管理人才或者在企业创业初期，拥有此类型人格的人员绝对是首选的对象。

汉武帝刘彻十六岁登基，开拓疆土，国威远扬，有着超强的领导才能和号召力。他做事不留情面，任才使能全面推动工作，开创了西汉王朝最鼎盛的时期。

在政治上，汉武帝加强中央集权。他颁布了推恩令，就是允许诸侯可以将自己的土地分给他的儿子和孙子，去建立更小的诸侯国，把诸侯的权利一层一层的分割，把他们的政治权利剥夺，并且受当时地方政府的管辖。这样，原来诸侯的权力上交给了中央。在当时这一措施削弱了汉朝一半的诸侯国。汉武帝又经常找借口去责罚一些年老的丞相，导致有许多人都不愿意担任丞相，通过这一举动，他把权力牢牢地掌握在自己的手中。为了加强他的权力，他还设立了刺史来监察地方的官员。从这一点可以看出他权力欲望十分强烈。

在军事方面，他是中国历史上第一位用了十四年去征服匈奴的皇帝。在这十四年期间，他先后派了李广、霍去病、卫青等人去和匈奴对抗，最终征服了匈奴。后来他又派出张骞出使西域。西域有一种汗血宝马，汉武帝为了得到这种马，就派使者带着金银财宝去西域和大宛去交换，但大宛不但不交换，还设计杀了汉使，汉武帝就派大军去攻打大宛，最后大宛臣服于汉朝。随后又有一些小的国家臣服于汉朝，例如楼兰、龟兹、莎车、朝鲜、闽越和西南诸小国。从这一点可以看出他崇尚武力，不惧怕暴力。

在经济方面，由于汉武帝刘彻经常打仗，导致国库钱财流失过多，入不敷出。而国内一些商人却非常有钱，于是汉武帝为了把这些金钱掌控在自己手里进行了一系列的改革。首先他把铸铁权力收归官府，除了官府规定的人，任何人都不能铸铁。他还规定只有官府才能卖盐，任何商人不能私自进行盐的买卖。这就是著名的盐铁官营。汉武帝还规定只能由中央铸币，任何诸侯国不能私自铸币。盐铁官营制度从汉朝持续到后面的历朝历代，为中央政府提供了巨大的财政收入。从这一点可以看出汉武帝为了目标的实现而果断地采取了有效的手段。

在文化方面，汉武帝采纳董仲舒"罢黜百家，独尊儒术"的建议。他重用各个地方的贤能人士，而且他是历史上第一个下令在全国搜集各类图书的皇帝。他在皇宫里面收藏了33090卷图书，这是中国历史上第一个国家级图书馆。他把儒家思想作为国家的正统思想，大力推广儒家教育，在长安举办太学，太学就是当时的最高学府。他还创立了举贤制度，创立了乐府，专门收集民间的诗词曲赋，创立了《太初历》，汉武帝是第一位统一国家制度、颁布太初历的皇帝。

在外交方面，他派遣张骞出使西域开辟了丝绸之路，促进了中国和其他国家之间的交流。丝绸之路以今天的西安为起点，经过甘肃、新疆，到达中亚、西亚。丝绸之路开辟后，汉族和少数民族之间的交往更加密切，西汉进入了特别繁荣的时期。

汉武帝刘彻是中国历史上一位非常优秀的皇帝，他在位期间为西汉王朝的鼎盛繁荣打下了坚实的基础，使汉王朝成为中国历史上第一个发展的高峰期。汉武帝在统治期间没有任人唯亲，他重用那些有才华的人，他实事求是、打破旧俗，破格提拔有能力的下人。汉武帝创下了空前的丰功伟绩，虽然在位后期实行巫蛊之术，却也有勇气写下罪己诏，敢于直面自己的过错，轻徭薄赋，使国家和百姓重新得到休养生息。

总之，汉武帝首次开创察举制，颁布推恩令，实施盐铁官营，开创丝绸之路，采取董仲舒的"罢黜百家，独尊儒术"；他敢作敢为，爱憎分明，果断自信。他有长远目标和大局观，而且尊重客观事实，在做决策之前都会派人去做调查研究，是天生的领袖和掌控者。

二、领袖型性格的特征

着装：实用、利落、得体、注重品质。

气质：神龙见首不见尾的神秘威慑感。

语气：喜欢用肯定的语气、底气足、带有权威性。

眼神：温和的威严；笃定、坚定、平淡。

肢体动作：稳重、姿态相对开放些。

购物习惯：实用大气。

娱乐：娱乐也是工作。

工作：远大目标、实干拼命。

金钱观：该花必花，不该花不乱花。

决策模式：民主之后霸气集中。

家居装修：舒适、实用、大气。

三、领袖型性格的外在表现

1. 相对理性，自信果断。

2. 做事关注事情的进度也关注人际关系。

3. 大刀阔斧，雷厉风行，目标宏大又能重视战术。

4. 有时会武断，遇到困难时愈挫愈勇。

5. 当有人反对其决定时，会力排众议，民主集中后会忽略大家的观点，甚至有时会独断专行。

6. 喜欢攻击自负的人；第一个反应通常是责备他人。

四、领袖型性格的自我判断

1. 喜欢兴奋刺激，并会被热情的人所吸引；很勇敢，不屈不挠和野心勃勃。

2. 喜欢做团队的核心，并掌握权力，会极力保护属于自己的一切。

3. 要求光明正大和平；希望每件事都井然有序，尤其是自己的事情。

五、代表人物

汉武帝

六、情景再现

——全面推进的开拓者

有这样一种员工，当能量爆发时，可以通宵工作。无论在工作面前，还是在他人面前都是强人。有需要时，他可以突然把能量拿出来，几天不睡觉去赶工；完成工作后又可连睡几天。不过，若懒惰起来，也可以十分懒惰，就像季节变化一样，一旦疏懒了，便要等有很大危机出现时，才能推动自己重拾事业心，再去冲刺。

我有一位朋友F君，是我见过成长最快的一个人。从郑州到太原开拓市场时，很长一段时间按兵不动，他的领导非常着急甚至气愤。但过了一段时间他像换了一个人似的，全面推进，甚至不是他们部门的事宜范围，他也要进行干涉，必须按他的思路配合。因为他的推动，打破了原有的平衡，也可能得罪了一些人，但他依然坚持自己是正确的。他告诉我：按兵不动是他在考察市场，因为太原市场是一个充分竞争的市场，和郑州的情况很不一样，必须找到一个突破口。通过市场研究和SWOT分析，他发现了我们的绝对优势，于是当机立断，果断出击。

这让我想到了腾蛇，腾蛇有几个特点：第一，考虑周密。腾蛇会藏在一个隐秘的、不会轻易被发现的地方，极具耐心，且十分机警。第二，快速出击。一旦有猎物进入它的势力范围，它用极快的速度准确地出击。第三，非常准。稳、忍、准、狠是蛇的代表，稳，稳健、很安稳、很安静。忍，隐忍、等待时机。准，一旦抓住时机，确定准确的策略。狠，一击即中，使人猝不及防。

F君负责西安公司的运营时，他发现实验室下班总是很晚，员工满意度大幅下滑。对此他进行了流程跟踪，发现公司工作量不多但人员很多，效率极其低下。于是他找物流部和实验室进行沟通，寻找解决方案，如何才能提升效率，争取在凌晨1点之前下班。但是两个部门负责人都说没有办法，公司离市区很远。

他带着助理去调查物流线路、实验室和物流部工作交接流程、实验室各个科室检测样本的时间。他发现由于物流标本回来晚，加上物流和实验室标本组交接时间过长，导致实验室检测人员在岗等待的时间较长。发现了问题，F君就走访各个科室部门，细致地和相关人员沟通，找到解决方案后，就让物流部门晚上8点标本要送到实验室，但是总是被这样那样的不可能推回来，他便很强势地说:"我让你们来是解决问题的,不是来证明这个方案不行的,想得通要执行,想不通也要执行。一句话:必须执行!"

经过一个月的变革,F君每天让助理给他数据和监督执行结果,按照目标不断地尝试各种方法去践行。

优化后的效果是:实验室标本组并入物流部,共计减少人员20人,晚上8点之前分发到科室标本达到93%,实验室整体在凌晨1点之前可以结束工作。

其实在这个过程中,F君应该感谢他的高级助理E君。在我看来,F君似《亮剑》里的李云龙、E君恰似赵刚,F君负责全面推进,E君负责处理人际关系。

事后F君也进行了反思,在变革的过程中,对于前期理解不到位,执行力不强的人员,责备过重,让下属对他敬而远之。好在后来他认识到这个问题,在一次开诚布公的聊天中,做了道歉,让他人了解自己。因为F君是对事不对人,一切以大局为重,大家要跟上公司在变革中的步伐。

七、领袖型性格的长处和不足

长处:有大局观,能全面推进工作;有勇有谋,行动力强。

不足:冷漠,强迫。

八、管理领袖型性格的建议

授权:充分信任,他们天生会识人用人。

给战略方向:给战略方向或给目标即可,他们不喜欢事事被别人安排。

给职位：有保护大家的意愿，而且整体推动力强。

不喜欢啰嗦，适合所有工作。

九、领袖型性格个人成长建议

1. 保持低调，减少对抗。
2. 表达不要过于直接。

第四节 "佳灵性格分析理论"之活跃型

一、活跃型性格的概述

他们做事冲动，精力旺盛，十分乐意与人交往，不管是什么类型的人都是他们的交往对象。在人群中，人越多他们越兴奋，若只是在几个人的小范围中，他们会感到窒息一般的难受。他们性格天马行空，和实干型恰恰相反，他们讨厌体制下乏味的数据类工作，很难关注细节。所以我们的招聘人员在选择职员的时候，规则严谨的工种不要选择他们，否则会暴露出他们时刻工作不在线的状态。

我有一个同事属于活跃型性格，他很风趣幽默，朋友也很多，在我们单位人际关系也很好。有一次单位知识产权培训我们被分到一组，他的创意层出不穷，但是具体做知识产权专利申请方案的报告时，他挠了挠脑袋就去外面吸烟了。往往他们在说自己的创新时，大家虽然听得云里雾里，但都觉得很好。如果务实地做事，对他们来说就太难了。

马云是活跃型的性格，追逐梦想是他一生的宿命，一旦燃起梦想的火种，他一定会将这火种蔓延成熊熊烈火，任何困难都无法阻挡他。很多报道都说马云是传奇人物，也曾被说成是"骗子"、"疯子""狂人"。最终，他带领阿里巴巴团队一路走来，从资本额只有50万元人民币的小企业做起，最终造就了市值超过200亿美元的大企业，创下了全球互联网融资额的最高纪录。

1995年初，马云去了一趟美国，第一次接触到互联网。此时，互联网对于绝大部分中国人来说，还是非常陌生的东西，即使在全球范围内，互联网也刚刚开始发展。大洋彼岸，尼葛洛庞帝刚刚写就《数字化生存》，杨致远创建雅虎还不到一年。

在这样的情形下，远在尚未开通拨号上网业务的杭州，马云就已经梦想着要用互联网来开公司了。

马云召集来24位朋友，这些人都是他教书时结识的外贸人士，马云想听听这些做外贸的人士对 Internet 的商务需求。

我记得看过一篇报道，马云回忆说："我请了24个朋友来我家商量。我整整讲了两个小时，他们听得稀里糊涂，我也讲得糊里糊涂。最后说，到底怎么样？其中23个人说'算了吧'，只有一个人说'你可以试试看，不行赶紧逃回来'。我想了一个晚上，第二天早上决定还是干，哪怕24个人全反对我也要干。"

1995年4月，马云和妻子再加上一个朋友，凑了两万块钱做本钱，于是中国第一家专门给企业做主页的杭州海博电脑服务有限公司就这样开张了，网站取名"中国黄页"，成为中国最早的互联网公司之一。

1999年，马云在杭州的家中，站在桌子后面，连比带画，向他的17个同伴（加他自己，就是常说的阿里巴巴创业的"十八罗汉"）进行了一次3个小时的"演讲"，演讲时说：我们的对手在硅谷。

以下为马云演讲部分内容：

今天我想把大家请过来，跟大家共同探讨以后至少五年十年我们要做的事情。

那么阿里巴巴我们将做成什么样，我想从黄页的时候我就提过，黄页所要瞄准的对象不是国内站而是国际站，我们所有的竞争对手不在于中国，而在美国的硅谷。

如果说第一，我们把阿里巴巴定位就是把它作为国际站点，我们不要把它定位国内站点。第二个我想就是我们要学会硅谷的那种拼劲，如果我们是早上八点钟上班，五点钟下班，这个不是搞高科技，这个绝对不是我们阿里巴巴的精神，如果说我们以这种精神反正我八点钟上班，五点钟就下班了，赶紧去其他地方。

人家美国人强就强在硬件，强就强在他的系统就是这个这方面确实比我们高，但是玩信息玩软的，中国脑袋决不比别人差。我们在座的所有人的脑袋绝不比任何人差。这就是我们敢跟美国人斗的机会，我们绝对敢斗，如果我们是好的 Team 好的团队，我们自己知道我们想做什么，我们想干点什么的时候，我相信我们是可以以一当十的。我们能够赢这种机构，我们能够赢其他很多的民营企业，很大的这种企业的时候，凭的我们的精神，我们一手的创新概念，以及我们这种拼劲才能去斗，否则的话，跟他们什么区别呢？……

在演讲中，他说到了阿里巴巴的未来三大愿景。第一个愿景，"阿里巴巴未来要成为服务中国中小企业的一家电子商务公司"；第二个愿景，"阿里巴巴在未来要成为市值 50 亿美金的企业"；第三个愿景，"我们要做一家生存 102 年的企业"。马云曾说："创业者首先要有一个梦想，这很重要！你没有梦的话，为做而做，别人让你做是做不好的。一个人首先要有梦想，然后要有追逐梦想的激情，并且靠着这种激情坚持下去！梦想是你的目标，激情是你的能量，有了目标和能量，就不会在乎别人说什么，也不会畏惧前进道路上的艰难！生命永远都会因梦想而闪光，因梦想而耀眼，所以，只有满怀激情追逐梦想的人才会成功！"目前马云的前两个愿景都已实现了。

阿里让人看不到尽头，马云的边界同样令人难以捉摸。马云思想活跃，勇于创新，让人跟不上他跳跃的思维，虽然大家还不知所云，但"102年的企业"目标就足以让阿里巴巴横跨三个世纪，这是具有何等的大局观和战略高度！并且和一般的活跃型人物不一样，他也非常关注细节，风险管控能力特强，实干型性格的优势他同样具有（后面介绍性格成长时会介绍）。同时他也非常擅长与员工的性格能力互补。阿里巴巴有一位高管叫陆兆禧；2013年陆兆禧成为阿里巴巴的接班人，外界还有一个猜测，那就是陆兆禧和马云足够互补，他能够读懂马云并知道如何与他共事。如果说马云是一个外扩型的领导者，那陆兆禧就是一个内敛型的实践者。在阐述实干型性格的章节中，我们再着重介绍陆兆禧的性格。我们还是先来看看活跃型的性格特征吧。

二、活跃型性格的特征

着装：体面、光鲜、品牌；看大家的评价。

气质：大气、正派、阳光、奔放。

语气：豪爽、随机、多变、声音洪亮。

眼神：漂移不定、真诚、热情、率真。

肢体动作：上扬、夸张、娱乐；动作较多。

购物习惯：不看价格看清单。

娱乐：吃喝玩乐有朋友。

工作：远大目标、高大虚空、风风火火、抓大放小、虎头蛇尾。

金钱观：财散人聚、千金散去还复来。

决策模式：冲动、民主、随大流、公平。

家居装修：舒适、方便、有派、有范。

三、活跃型性格的外在表现

1. 思想活跃，相对冲动。

2. 喜欢创新，容易被新思想、方法所吸引；但想法过多注意力容易分散。

3. 重视人际关系，亲和力强与团队打成一片。

4. 随性，互动，喜欢扮演"顾问"的角色。

5. 不喜欢重复性的沉闷工作环境

6. 关注细节工作很难。

四、活跃型性格的自我判断

1. 希望被大众赞赏，社交范围广，容易碍于面子。

2. 喜欢多样性，兴趣爱好广泛，容易转移关注点。

3. 沉闷、单调的场合会让活跃型性格的人产生窒息。

五、代表人物

马云、邓超

六、情景再现：不靠谱的下属

小宋是个"80后"小伙儿，1986年出生在河南省郑州市，个子高，身材略胖，在公司和各个部门关系处理的都很好。生活上：会玩爱闹，还很幽默；工作上：思路清晰，有远见识大局，人还很机灵，非常健谈，从娱乐八卦到国家政策，从医疗行业到科技前沿，他都能聊。刚从病理室（他是临床医学专业，之前是病理医生）转到我们部门的时候，每次开会他提出的思路和想法都能让我眼前一亮，当场支持他的想法和观点。然而，小宋是个不靠谱的下属，想做的事情没有一件全部落实过，说说就过去了，业绩也是平平。攒钱买房？从来不在他的考虑范围内，直观判断他的性格应该属于活跃型性格，他需要一些压力，或者需要性格互补的人一起工作。

一天早晨7点，他又在我们的工作微信群里发言：刘姐，我又有一个好的想法……

我当即回复：你是一直在想，还是一直在想，还是一直在想？能不能付诸行动？然后他就不再说话了。找他谈话，他说："我早就知道我的这个毛病，我也讨厌这个毛病，但我实在克服不了，刘姐，你要是能让我克服了这个毛病，我满足你10个愿望，什么都行。"

既然知道自己有不足就好办了，那就先从加压开始吧。

正好我有一位下属小覃，他是位领袖型性格的伙伴，我知道他有一定的手段和魄力，我就把小宋安排到他们组，并把小宋的这个问题和他说得很明白，希望在小覃的帮助下小宋能有所成长。

小覃针对小宋的这个不足制定了严格的奖惩制度和行动计划，最重要的，制定了近乎不可能完成的任务。我当时还担心会不会用力过猛，可没想到，第三个月就看到小宋的业绩增长迅猛，成绩凸显，完成了任务，某重点项目当月拿下集团第二的好成绩（集团当时26家子公司）。

看来"压力方法"是有效的,且效果是明显的,那么,继续加压。小覃将更多的工作交给小宋来做,并制订了详细的进度计划,看看他的抗压极限。又过去两个月了,项目增长陆续有了起色,小伙子还是挺能干的嘛。不过,他的情绪一天天消沉了。终于有一天小宋找到我说:"刘姐,干不下去了,再这样高强度压榨,我要疯了!细节性、重复性的工作真的不是我的强项。"

正好这个时候我又招聘了一位新人小楠,如果没判断错的话,小楠的性格属于实干型性格。那么,这也许是一次性格能力互补的好机会。

我就和小宋说:"我安排一位新人小楠协助你做事,小楠正好擅长细节性的工作,我对你的要求是:带教好小楠,把业绩给我提上去,否则我也帮助不了你了。"小宋说:"没问题!"

大家想知道结果吗?在小宋的配合下,小楠不仅提前转正,而且转正后很快拿到了封顶绩效,业绩不论从增长率、增长量上都名列集团前茅。他们的战术是:小宋负责定思路和方向,小楠负责执行,效果甚好。

七、活跃型性格的长处和不足

长处:有大局观,思维活跃,思路清晰。天生人际关系强,灵活风趣,能很好调节氛围。

不足:炫耀、好高骛远,爱面子,怕孤独,不擅长细节、有深度和重复性的工作。

八、管理活跃型性格的管理建议

支持细节：不太擅长细节性的工作，所以要么监督其细节工作；要么搭配能关注细节的实干型人物。

避免公开批评：比较爱面子和特别在乎他人的看法，有问题私下聊。

给精神奖励，适合社交方面的工作。

九、活跃型性格个人的成长建议

1. 关注细节及事情的深度发展，"不扫一屋何以扫天下"。

2. 学会脚踏实地，稳定持续；精耕细作，提升专业技能。

3. 宏大的梦想和项目计划需要精细的规划、合理的预算和持之以恒的努力。

第五节 "佳灵性格分析理论"之情感型

一、情感型性格的概述

他们不甘平庸；不媚世俗，细腻敏感，相对感性；不喜欢枯燥无味按部就班的工作模式，喜欢就专注，他们对人要么冷漠要么热情。内心深处有着浓烈的情感归属情结，若无法开导，是最难交往的人，如果愿意又能给人特别温暖的类型。

我在网络上看到一篇普京和他恩师索布恰克的故事。1970年，普京考入了彼得格勒大学（就是现在的圣彼得堡大学），专业是法律，索布恰克是他的经济学教授。虽然索布恰克有很多学生，但他特别喜欢普京这个聪明、有个性、敢打敢拼的孩子。

普京请恩师帮忙参加苏联国家安全委员会。就这样，普京进入了克格勃做了一名情报人员。不久，索布恰克也弃教从政，并于1989年通过竞选当上了圣彼得堡市市长。在克格勃工作十几年的普京想改行，索布恰克就把他调到身边当市长助理。

1991年12月25日，叶利钦当选俄罗斯总统。普京的恩师索布恰克与在任总统叶利钦竟然是政坛上的夙敌。

1996年，索布恰克在圣彼得堡州州长选举中失败，随即遭到了叶利钦集团一系列的打击和报复，直至受到软禁。

此时的普京二话不说就辞了职，然后追随索布恰克离开了圣彼得堡市政府，并说了一句后来被广泛流传的话"我宁愿因忠诚而被绞死，也不愿为了偷生而背叛。"

在离开圣彼得堡市政府后，叶利钦还是没放过索布恰克，他让人给索布恰克罗织了十几个罪名，准备指控他。普京一心想帮助恩师，却无能为力。他的猎枪被没收了，唯一的消遣办法就是钓鱼。

有一次，普京见索布恰克实在太郁闷，就想陪他出去钓鱼散心。谁知索布恰克已经被软禁。普京气不过，找到最高检察院副检察长柯西金。在他的帮助下，普京又写了一纸担保书，两人这才能外出钓鱼。

索布恰克建议普京去工作，于是，1996年8月，普京应丘拜斯之邀，前往莫斯科谋职。叶利钦十分赏识他的才华，特别是他觉得，普京强硬的政治风格跟自己很对脾气，叶利钦当即任命普京为俄罗斯联邦安全委员会秘书。

1997年9月中旬的一天，普京得知，最高检察院已经对索布恰克的案件侦查终结，马上就要把他移交给最高法院审判了。他秘密找到索布恰克商量怎么办。索布恰克悲哀地说："现在我是人家砧板上的鱼，还能怎么办？"

大多数人在这个时候，会选择明哲保身，毕竟大好前程就在眼前，如果帮助了老师，就意味着得罪现在的上司，亲手毁掉自己的仕途，更有可能因此丢掉性命。

而普京却说"不，老师，如果没有您当年的指引，就不会有我的今天，我一定想办法救您！"索布恰克拍拍普京的肩膀说："你有这份心意我就满足了，你现在还没有这个能力，再说如果你明着帮我，叶利钦也不会放过你。"

索布恰克的劝说并没有让普京改变心意，他满脑子想的是：如果在恩师遇难时，我袖手不管，那我还是个人吗？

普京找到好友瓦涅塔那，想从他那借一架飞机，直接把恩师送往国外。瓦涅塔那虽顾虑重重，但还是象征性地收了普京200美元，租给普京一架波音747飞机。

1997年9月24日晚上，一身功夫的普京悄悄地将几名看守人员制服，然后潜入索布恰克的别墅，将不愿离开的恩师送上飞机后，说："一人做事一人当，老师，我就不送您了，明天我会向总统投案自首。我已经安排好人在法国巴黎机场接您，您多保重！"说完，就转身走了。

第二天上午，他来到叶利钦的办公室，把事情的前前后后全都说了出来。"总统，我辜负了您的栽培，但他是我的恩师，我必须这样做！"

让普京万万没有想到的是，叶利钦并没生气，还欣赏他在政治和经济利益面前没有迷失自我，就是从这一刻起，叶利钦已经在心里选定普京作为自己的接班人。

普京做事比较感性，对恩师的情感浓度非常之深；而且他整体的推动能力也很强。

当然，普京总统也和一般的情感型性格的人不太一样，他也具有领袖型性格的伸张正义，敢作敢为的性格成分。

我有一位闺蜜，也属于情感型性格的人。有一天给我打电话，当时我的老板正和我说重要的事情，出于礼貌接了电话并小声地说："现在开会，稍后给你回过去。""你就开你的会，当你的官吧！"她气愤地挂了我的电话。我想和领导谈话也就是三五分钟的事情，谈完话再打过去应该没事。谁想五分钟后，打过去电话，一直忙音，微信、QQ统统给我设置成了黑名单。因为我们不在一个城市只好给她老公打电话，他老公说："没事，没事。"但直到三个月后，我专门到她所在的城市找她，她才和我说话，而且告诉我：她当时心情不好，没想到我们这么好的关系，竟然不接她的电话。

情感型性格的人，情绪上来了，就这么任性！

二、情感型性格的特征

着装：独特、雅致；总体风格协调，养眼而不耀眼，耐人品味。

气质：或优雅或古怪、或感性或奇葩。

语气：关切、富含感情，声线低缓。

眼神：时而迷离、时而专注；深情安定，喜欢与别人的目光接触、眼神交流。

肢体动作：柔和、优雅、喜欢的时候向前、专注。

购物习惯：喜欢、随感觉。

娱乐：独处、享受、安静高雅。

工作：喜欢就专注。

金钱观：随性。

决策模式：看感觉、看对方、重自己感受。

家居风格：有格调、浪漫、舒适、独特。

三、情感型性格的外在表现

1. 相对感性，容易感情用事、情绪化。

2. 创造力强、想法独特，直觉力强，推动力强。

3. 容易捕捉先机，推动事情全面发展。

4. 顺境时热情高涨，逆境时心情沮丧，甚至有逃避的倾向。

5. 富有同情心，有丰富的创意和与人为善的交际能力。

6. 当情感或关系出现问题时容易被干扰，有时随意性太强。

四、情感型性格的自我判断

1. 把关系看得很重要，很多挫败感来源于关系。

2. 有时会感到忧郁，怜悯自己或渴望别人有而我没有的东西。

3. 有许多梦想与理想，有时可能很难实现。

五、代表人物

普京、陈道明

六、情景再现

——情绪化的优秀员工

在工作当中我们总会遇到这样一类人：他们非常情绪化，情绪会随时伴随在自己的脸上；只要遇到不开心的事，不满意的事，情绪就会爆发出来，甚至影响他人，影响团队。他们又往往能力超强，能全面推动事情发展。

对待这种下属，解决了情绪问题就能解决一切。方法就是注重私交。情绪化的人往往是感性因素占主导地位，理性因素占次要地位，所以才会情绪化。往往这种人反倒是讲感情的，一旦认可你了就会忠心耿耿。所以要多一些感情交流，多一些肯定。

我有个下属小Q，综合能力特别强，工作效率特别高，也能发表一些中肯的有战略意义的观点。但也特别情绪化，一旦有什么事情触发了她的情绪，造成失控的时候，会变成刺猬，谁靠近蛰谁；并且完全听不进别人的建议。即便我是她领导，开会时如触碰到她的情绪，也会爆发甚至摔门而走。我甚是头疼，虽然知道她是情感型性格的人，但因她敏感的情绪，也不敢沟通太多，除了"哄"也不知道还有什么更好的办法。

我就咨询性格学方面的专家老师们。他们说：处理情感型性格员工的工作问题时，首先要处理情感问题，而不是先处理事情本身。比如说一个拥抱或有力的握手就能融化他们的情绪，然后再看看发生了什么事情。

后来我每天有空就和她聊天；工作之余，找一个合适的场所，一起吃一顿饭，聊一个合适的话题，让她感受到我对她的情感重视和认可。慢慢地我们的友谊增进了。她说自己其实也是很苦恼的，因为朋友少，所以孤单寂寞，总感觉得不到别人的理解。

因为对她的理解，所以在分配工作中，我尽可能地分配给她独立完成的工作，减少她与他人打交道的机会，尽量减少影响他人，控制她的情绪的破坏力，让我们的工作进行的更加顺畅。

因为我的理解，她也注重自己坏情绪的自我改善，情绪化的情况也慢慢地减少了，现在不论交给她多么重要、复杂的工作她都非常开心地出色完成，虽然有时偶然还会有些情绪牢骚难以避免，但不分场合的情绪爆发得到了很有效的控制。

七、情感型性格的长处和不足

长处：自信，浪漫，有品位；公关能力强，追求真实，不攀附权贵；有全面推进工作的能力。

不足：冲动矫情；没事找事，悲观傲慢，自以为是；固执情绪，莫名其妙。

八、管理情感型性格的建议

处理事情，先处理情绪：欣赏其情绪上的变化，沟通时注意情感投入和直截了当。

给予私人空间：发生冲突时，建议让其独处一会儿。

不适合阿谀奉承之类的工作，更适合做审美方面的事宜。

给独特奖励：不在乎多少，但在意是否用心。

九、情感型性格个人的成长建议

1. 关注大家的感受，学会关心他人，大局为重；
2. 不要总是在自己的情感世界里；
3. 建立自己的大局观，你会更完美；
4. 表达想法不要过于含蓄。

第六节 "佳灵性格分析理论"之实干型

一、实干型性格的概述

这类型性格的人其实代表了整个中国大部分人的状态,他们接受着中国传统的伦理教育理念。他们注重承诺,忠诚可靠;除了工作外,不太擅长交际;他们追求安全,防患未然;他们注重安全感;凡事做最万全的准备。他们对信任的人忠心耿耿,有着极强的责任心。他们内心深处对人生有着明确的目标,工作富有激情,严肃认真,属于爱岗敬业的典型模范。然而,正是由于他们重视安全,所以他们在创新方面,或者执行创新方面的事情时容易优柔寡断,显得执行力不强。

李嘉诚是实干型人物的代表。我们看他的经历。

1928年出生于广东潮州,父亲是小学校长。

1933年李嘉诚入潮安县府城北门街观海寺小学读书。

1936年李嘉诚随父转入潮安县庵埠镇(今彩塘)崇圣小学就读至1938年。

1939年6月李嘉诚随父到潮安县郭垄小学就读。当年6月21日,日寇侵占汕头,翌日又占领潮安县庵埠镇。

1940年为躲避日本侵略者的压迫,全家逃难到香港。两年后,父亲病逝。为了养活母亲和三个弟妹，于是李嘉诚被迫辍学走上社会谋生。开始，李嘉诚为一家玩具制造公司当推销员。工作虽然繁忙，失学的李嘉诚仍用工余之暇到夜校进修，补习文化知识。由于勤奋好学，精明能干，不到20岁，他便升任塑料玩具厂的总经理。两年后，李嘉诚把握时机，用平时省吃俭用积蓄的7000美元创办了自己的塑胶厂，他将它命名为"长江塑胶厂"。

1958年李嘉诚开始投资地产市场。他独到的眼光和精明的开发策略使"长江"很快成为香港的一大地产发展和投资实业公司。当"长江实业"于1972年上市时，其股票被超额认购65倍。到70年代末期，他在同辈大亨中已排众而出。

1979年"长江"购入老牌英资商行——"和记黄埔"，李嘉诚因而成为首位收购英资商行的华人。

1984年"长江"又购入"香港电灯公司"的控制性股权。李嘉诚先生现任"长江实业集团有限公司"董事局主席兼总经理及"和记黄埔有限公司"董事局主席，其所管理的企业，于1994年除税后赢利达28亿美元。

1995年12月，长江实业集团三家上市公司的市值，总共已超过420亿美元。

成功后的李嘉诚依然保持着谦逊的态度，拥有显赫的地位却没有颐指气使、不可一世，依然保持着低调、平和的心态，不论对什么人，总是态度和善。

李嘉诚先生说："保持低调，才能避免树大招风，才能避免成为别人进攻的靶子。如果你不过分显示自己，就不会招惹别人的敌意，别人也就无法捕捉你的虚实。"

大家从李嘉诚先生的简历和照片上，我们是不是看到了一位一步一个脚印、务实勤奋、追求安全的一位中国智者？

我们再来说说陆兆禧，我收集了很多网络上相关报道：

陆兆禧和马云在性格上截然相反，他有超强的执行力，却不善言辞，简直就是马云的反面。在阿里，陆兆禧一直是"执行力"的标杆，只要马云给他安排一个任务，不管多苦、多难、多遭人骂，他总是毫无怨言地坚决执行，并给出令人满意的结果，他也因此收获了"救火队长"的名声，个人威望亦不断提升。

2000年10月，陆兆禧被马云派到深圳，开拓华南大区的B2B业务。此时，阿里巴巴正面临生死存亡的挑战，由于互联网泡沫在2001年破灭，阿里再也融不到钱了，不得不自我造血。马云非常看重华南大区，因为那里是外贸企业聚集区，有潜力可挖。陆兆禧不负马云所托，他从光杆司令做起，以"跪着也要活下去"的精神，在此后三年间，将团队规模发展到100多人，把团队业绩做到全公司第一。

成功开拓华南市场后，陆兆禧在阿里的职业生涯进入"救火模式"，被马云派去解决一个又一个棘手问题。

"我们互补得非常好，"陆兆禧说，"他跳出条条框框向前看，我则专注眼前。"

2013年5月10日晚，阿里在杭州黄龙体育场举办了场面盛大的"淘宝十周年晚会"。晚会高潮时，48岁的马云宣布"退休"——"明天开始，生活将是我的工作。"有"救火队长"之称，最受马云信任的原首席数据官"铁木真"陆兆禧则接任了集团CEO之职。和马云紧紧拥抱了5秒多之后，陆兆禧表示，自己必将尽心尽力，不辱使命。

然而，仅仅两年之后，2015年5月7日，马云就以"内部邮件"的形式收回了权杖，宣布由集团COO（首席运营官）、天猫总裁张勇取代陆兆禧出任集团CEO，陆兆禧则被改任为董事局副主席。又一年多，2016年8月22日，陆兆禧的董事职务也由蚂蚁金服集团总裁井贤栋接替，方才47岁的他，从阿里正式退休。

陆兆禧的成功和失败都源于他的性格，他能弥补马云的不足，却突破不了马云的框架，特别在互联网这个行业，如果是做实体行业陆兆禧应该是不可多得的将才。

二、实干型性格的特征

着装：低调、内敛；注重简洁、方便、舒适；女士较少饰物，色调较单一。

气质：职业化、内敛、温暖。

语气：镇定、正经、说话较谨慎，言语较少，不注重情感连接。

眼神：冷静、审视、表情严肃。

肢体动作：动作幅度小、紧绷、内收、僵硬。

购物习惯：性价比、量入为出。

娱乐：单调、无趣。

工作：勤奋、按部就班、价值感、责任感。

金钱观：多多益善、安全感。

决策模式：犹豫、有理有据、直觉。

家具风格：简约、实用、大方。

三、实干型性格的外在表现

1. 比较理性，务实诚信重实际。

2. 重视事情结果，不太擅长内部人际关系。

3. 务实肯干，说话留有余地避免绝对，数据化。

4. 细心、耐心、警惕、忠诚度高。

5. 会在行动之前谨慎思考，否则就大胆地向前冲。

6. 有时顾虑过多，容易拖延，失去机会。

四、实干型性格的自我判断

1. 如果没有充足的资源给予安全、稳定，会很焦虑。

2. 很清楚自己想要的是什么，量力而行。

3. 会努力工作，给自己足够的安全。

五、代表人物

李嘉诚、陆兆禧

六、情景再现

——思维受限的实干员工

很多朋友问我：作为领导，到底是喜欢能说会道、溜须拍马的员工呢，还是喜欢勤勤恳恳、但不善言辞的员工呢？

我试探着去了解这个问题，发现了一个很有趣的现象：一些有十年以上工作经验的老员工，勤勤恳恳地干着自己的工作，却一直在最基层；反而是年轻人早早升职加薪当了领导。为什么会有这样的现象呢？是因为领导本身更偏爱年轻人吗？我带着疑问去探寻一些共性的问题，然后发现了一个非常有趣的现象：这些能够快速获得晋升的年轻人有一个共同的特质：善于表达，勇于创新，敢做敢为。

我有一个下属小王，工作勤勤恳恳，却始终原地踏步，看着身边很多人纷纷进步、提职、升迁，他心里挺不是滋味。又有一波人员提升却没有他，他找到我说："刘姐，我绝非游手好闲之徒，愿意把精力用在工作上，以体现个人的人生价值，我始终坚信天道酬勤，希望个人努力和工作业绩总有一天会得到领导的认可。但您为什么不提拔我？"

说句心里话，我非常认可他的忠心、务实、肯干与努力，但我无法说服自己去提拔他。因为市场部是一个创造性的部门，需要一定的高度和创新性，而小王，总能让我想到一个故事：买土豆。相信大家都听说过这个故事：

张三和李四同时受雇于一家店铺，拿同样的薪水。一段时间后，张三青云直上，李四却原地踏步。李四想不通，老板为何厚此薄彼？

老板于是说："李四，你现在到集市上去一下，看看今天早上有卖土豆的吗？"一会儿，李四回来汇报："只有一个农民拉了一车土豆在卖。"

"有多少？"老板又问。

李四没有问过，于是赶紧又跑到集上，然后回来告诉老板："一共40袋土豆。"

"价格呢？"

"您没有叫我打听价格。"李四委屈地申明。

老板又把张三叫来："张三，你现在到集市上去一下，看看今天早上有卖土豆的吗？"

张三也很快就从集市上回来了，他一口气向老板汇报说："今天集市上只有一个农民在卖土豆，一共40袋，价格是两毛五分钱一斤。我看了一下，这些土豆的质量不错，价格也便宜，于是顺便带回来一个让您看看。"

张三边说边从提包里拿出土豆，"我想这么便宜的土豆一定可以赚钱，根据我们以往的销量，40袋土豆在一个星期左右就可以全部卖掉。而且，咱们全部买下还可以再适当优惠。所以，我把那个农民也带来了，他现在正在外面等您回话呢……"

我本人也是一位实干型性格的员工，对于实干型的伙伴天生有一种同情。但我需要对员工负责的同时也要对公司负责。

小王，我想和你说：有一次我让你负责一个新项目的上市，你坚信自己的产品定位及目标市场定位，很明显你的定位过于狭隘不利于锁定更多的客户群，我无论如何没法说服你，所以我只好把这个新项目交给另外的伙伴负责，当你看到希望时才相信我们大家的建议。虽然，后来你接受了我们的建议，改变了市场定位，做得非常卓越，但是我想告诉你：方向和思维有时候比务实肯干更重要。作为领导更多的是决策与方向的正确性，方向比努力更重要。

随着竞争的白热化，市场格局也悄悄发生变化，新的营销模式必然代替旧的营销模式，我希望你能够有所改变，要有创新和共赢的思维。但是你的顾虑特别的多，怕这怕那不愿改变，我异常生气地告诉你：你不愿共赢的同时限制了自己的行为，而且你限制的并不是别人进步的思维，而是自己失去了一次很好的合作机会。因为他人不会因为你的限制而不去获得，条条大路通罗马，你的这条路封闭了，还有其他的路，可能更方便也可能更坎坷，但不能阻碍他人进步的行为。

我知道你很努力也很务实，但思维受限影响了你的杰出和追求人生的高度。每个人天生都是富足而卓越的，我希望你能放飞自己的思维，达到自己人生本应该有的高度。

很多时候限制自己的不是环境和资源而是思维。我是恨铁不成钢啊！

七、实干型性格的长处和不足

长处：踏实、落地、有计划；实干、靠谱、有责任；任劳任怨有毅力；危机意识，成果导向。

不足：保守，冷漠，格局小；太自律、理性，太无趣。

八、管理实干型性格的建议

给予充分的安全感：一旦没有安全感，会焦虑而影响工作。

给明确目标：执行力强，务实能干，但大局观战略略微不足，所以要给方向。

不要变化太快：因执行力强，所以专注力也强，不容易从事件里拔出来，所以尽量不要变化太快。

内部人际给予支持：不太擅长内部人际关系的处理工作。

给物质奖励：不喜欢浪费，所以不要把钱花在虚空的事务上。

九、实干型性格个人的成长建议

1. 扩大社交圈，挑战自己的固定思维模式。

2. 适当拓展人际关系，走出狭窄的圈子，不只靠一己之力，那太累了。

3. 最终培养自己人脉资源整合能力和扩大自己的人生格局。

第七节　四种性格对比分析及总结

一、四种性格的外在行为特征对比

1. 领袖型：敢作敢为，果断自信，豪爽义气；他们是天生的领袖和掌控者，处理人际关系极强；他们有长远目标和大局观，而且重视客观存在的事实，能够通过调研、分析、深入研究等支撑决策，有天生领导才能和将大家凝聚在一起的号召力，具有"将将之才"。

2. 活跃型：精力旺盛，做事冲动，十分乐意与人交往，天生的社交专家，在人群中，人越多他们越兴奋。他们性格天马行空，讨厌体制下乏味的数据型工作，很难关注细节，他们亲和力强，能与团队打成一片。

3. 情感型：细腻敏感，相对感性；不喜欢枯燥无味、按部就班的工作模式，喜欢就专注，并能全面推动工作；他们对人要么冷漠要么热情，天生的审美专家，富有同情心和与人为善的交际能力。

4. 实干型：他们注重承诺，忠诚可靠；他们追求安全，防患未然。他们内心深处对人生有着明确的目标，工作富有激情，严肃认真，是天生的不可多得的得力干将；会拼命工作，给自己足够的安全。

从性格形成角度来说，我倾向于领袖型、实干型、情感型、活跃型四种性格80%为天生，20%为后天环境影响。即我们常说的"3岁看到老"。我之所以有这样的推断，是用了"致虚极，守静笃，万物并作，吾以观其复。夫物芸芸，各复归其根"的方法来观测的。万事万物虽然纷纭繁杂，但它们都有规律可循。《道德经》第二十一章："道之为物，惟恍惟惚。""自今及古，其名不去，以阅众甫。吾何以知众甫之状哉？以此。"这两句话的意思是："道"这个东西，没有清楚的固定实体。从当今上溯到古代，它的名字永远不能废除。依据它，才能观察万物的初始。我怎么才能知道万事万物开始的情况呢？是从"道"认识的。《道德经》第二十一章："不出户，知天下；不窥牖，见天道。"不出门户，就能够推知天下的事理；不望窗外，就可以认识日月星辰运行的自然规律。这也是我们常说的"窥一斑而知全豹"。我首先是通过观察身边有两个孩子家庭里的小朋友，特别是双胞胎的小朋友的性格来总结归纳。其次是测试身边的小伙伴们，观测环境对他们性格及外在行为的影响来推测规律。最后得出四种性格80%为天生，20%为后天环境影响。

同时，人的性格可以细分成N种类型，可以按四象限法则再无限次的分下去。如图2-3：

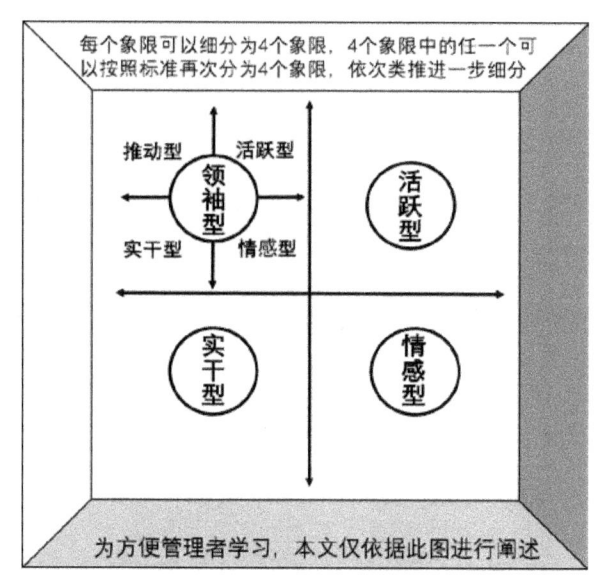

图 2-3 性格的四象限法

二、四种性格的交友观

领袖型：主动交往能推动事情和工作开展的朋友，朋友较多。

活跃型：朋友多多益善，各行各业的朋友都有，往往一面之交就能成为朋友。在乎在团队中的地位，朋友最多。

情感型：交兴趣、爱好相同的朋友，当发现朋友不把自己当作好朋友时，容易断交。

实干型：朋友很少，独侠客一样地工作。一旦是朋友，一般都是挚友。

四种性格的交友观如图 2-4：

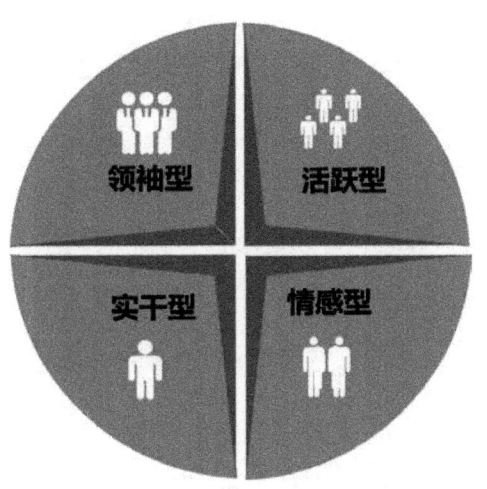

图 2-4 四种性格的交友观

三、四种性格的长处和不足

领袖型

长处：自信果断有大局观，大刀阔斧，能全面推进工作；有勇有谋，有行动力。

不足：冷漠，强迫，有时武断，不擅长"守"。

活跃型

长处：有大局观，天生人际关系强；灵活风趣；乐观善良，很好调节氛围。

不足：炫耀、好高骛远，爱面子，怕孤独，不擅长细节方面的工作。

情感型

长处：自信、浪漫、有品位，公关项目能力强；追求真实，不攀附权贵，有全面推进工作的能力。

不足：冲动、矫情、没事找事；悲观、傲慢、自以为是；固执、情绪、莫名其妙。

实干型

长处：踏实、落地、有计划；实干、靠谱、有责任；任劳任怨、有毅力；危机意识、成果导向。

不足：保守，冷漠、格局小；太自律、理性、太无趣。

管理者要认识到，每种性格都有自己的不足和优势所在，只要因势利导，不足也是可以转换为优势的。

比如实干型性格的创新不够积极，但风险控制能力较高。如果一个团队只有活跃型或领袖型，往往会因对风险意识淡薄，"战线"过广过大而出现危机，这就需要实干型的伙伴往后拉一下紧绷的弦，免得绷断。虽实干型性格因太自律而无趣，但无法限制行为性的工作就可以做的比任何人都好。

《道德经》第五十八章："祸兮福之所倚；福兮祸之所伏。孰知其极？"指祸福互为因果，互相转化，即坏事可以变成好事，好事也可以变成坏事。谁能知道究竟是灾祸呢还是幸福呢？"塞翁失马，焉知非福？"所以不要偏执自己的性格长处和不足，而是要把自己的性格优势最大限度地发挥出来。

《道德经》第五十八章："埏埴以为器，当其无，有器之用；凿户牖以为室，当其无，有室之用。故有之以为利，无之以为用。"

烧制粘土使其成为器皿，中间有空器皿才能盛物；开凿门窗建造居室，中间有空居室才有光明；因此"有"带给人们便利，"无"才是最大的作用。所以不要纠结自己的性格长处和不足。

我在学九型人格的早期，张立波老师批评过我多次。因为我总喜欢用外在的行为模式来推测九型人格的主型和副型，总得不到要领。九型人格主型和副型的型号判断，是缘于内在的起心动念，而不是外在的行为表现。我后来一想，这正是我的优势。为何不能用对他人外在的行为观察，来推测他的性格属性？于是就有了佳灵性格分析理论。

员工个人也要认识到自己的不足，更要学会取长补短。

一个人很难发展成全才，学会用他人的长处，来弥补自身不足。大家都知道《廉颇蔺相如列传》，廉颇是赵国的一名杰出的将军。赵惠文王十六年，廉颇做赵国的将领，率兵攻打齐国，大败齐军，攻占了阳晋，被封为上卿，凭借勇猛善战在各诸侯国闻名。蔺相如是赵国人。他是赵国宦官头目缪贤的门客。

渑池之会完璧归赵后，由于蔺相如功劳大，被封为上卿，位在廉颇之上。廉颇说："我是赵国的大将，有攻城野战的大功，而蔺相如只凭言词立下功劳，他的职位却在我之上。况且相如本来是卑贱的人，我感到羞耻，不甘心自己的职位在他之下！"扬言说："我遇见相如，一定要羞辱他。"蔺相如听到这些话后，不肯和他碰面，每逢上朝时常常推说有病，不愿与廉颇争位次。

过了些时候，蔺相如出门，远远看见廉颇，就掉转车子避开他。

于是蔺相如的门客就一齐规谏说："我们离开亲人来侍奉您，不过是因为仰慕您的高尚品德和节义啊。现在您与廉颇职位相同，廉将军口出恶言，您却害怕他躲避他，怕得太过分了。就是普通人对这种情况也感到羞耻，更何况是将相呢！我们没有才能，请允许我们告辞离开吧！"蔺相如说："你们看廉将军与秦王相比哪个厉害？"门客回答说："廉将军不如秦王厉害。"蔺相如说："以秦王那样的威势，我蔺相如却敢在秦国的朝廷上呵斥他，羞辱他的群臣。相如虽然才能低下，难道害怕廉将军吗？但是我想到，强大的秦国不敢轻易对赵国用兵的原因，只是因为有我们两个人在啊！现在如果两虎相斗，势必不能共存。我之所以这样做，是以国家之急为先而以私仇为后啊！"

廉颇听到这话，就脱去上衣，露出上身，背着荆条，由宾客引导到蔺相如府邸的门前，负荆请罪说："我这个粗陋卑贱的人，想不到将军宽容我到这样的地步啊！"

两人终于相互交好，成为生死与共的朋友。这就是蔺相如知道廉颇的优势能力自己是不具备的，所以采用了"互补保国"态度。

四、四种性格管理上的建议

领袖型

授权。

给战略方向。

不喜欢啰唆；适合所有工作。

活跃型

支持工作中的细节即：监督工作中的细节，或配置实干型人员一起工作。

绝对避免公开场合批评。

特别适合社交及沟通类的工作。

情感型

欣赏其情绪上的变化。

交流沟通时注意情感的投入，直截了当。

不喜欢阿谀奉承之内的工作，更适合审美方面的事宜。

实干型

给予安全感。

给予明确目标。

不要变化太快。

不擅长在部门内为自己争取资源，其余工作都擅长。

管理者一定要记得《道德经》第二章的管理要妙。"天下皆知美之为美，斯恶矣。皆知善之为善，斯不善矣。故有无相生，难易相成，长短相形，高下相倾，音声相和，前后相随。" 这句话在前文已有解释，作为管理者，一定要学会用他人的长处来弥补自身不足，人无全才所以需取长补短。

大家都知道唐朝时期的"房谋杜断"。房，即房玄龄；杜，指杜如晦，是唐太宗李世民两个得力的宰相，房玄龄出主意，杜如晦作决断。唐朝开国未久，许多规章典法，都是他们两人商量制定的。《旧唐书·房玄龄杜如晦传》说：唐太宗同房玄龄研究国事的时候，房玄龄总是能够提出精辟的意见和具体的办法，但是往往不能作决定。这时候，唐太宗就必须把杜如晦请来。而杜如晦一来，将问题略加分析，就立刻肯定了房玄龄的意见和办法。房、杜二人，就是这样一个善于出计谋，一个善于作决断，所以叫作"房谋杜断"，形容他们各具专长而又各有特色，为了共同的事业而亲密合作。在当时看来，房、杜二人同心辅政，是合作得非常协调的，所以人们称赞他们"笙磬同音，惟房与杜"。从另外一个角度来看，是唐太宗李世民知人善任，各司其职。

学习四种性格的目的就是为了在管理上做到"人尽其才""求同存异"，是为了工作上的互补。

我有一位同事小S，很有思想和想法，但他的领导一直觉得他是思想巨人，行为矮子，天天批评他。后来差点被劝退，我看中他的思维活跃和创造力，调动到我们部门。

小S的工作特点是：思维清晰，有大局观。每次让其做汇报时，都能让人耳目一新，但每次的执行力就很一般。所以我给他配置了一个实干型搭档，后来两人都做得成绩斐然。小S用了三年时间，从普通员工发展成部门经理。

管理者要学习运用"自然的规律"来进行管理。

《道德经》第二十五章："人法地，地法天，天法道，道法自然。"人取法地，地取法天，天取法"道"，而道就是顺其自然。人要学习天地做法来管理下属。庄稼要生长，地毫不吝惜土地；庄稼需要水，天毫不吝惜下雨；它从来不管是谁在上面种的庄稼，种的是什么庄稼都一视同仁。最后的结果种瓜得瓜，种豆得豆，都是收获。我们员工不论是什么性格，只要把他优势的地方用好了就能凸显出来，就能人人成才，就是人尽其才，物尽其用。天地滋养万物不会改变它们的属性，管理员工也要顺从员工的性格，发挥其长处性格能力就能做到"人无弃人，物无弃物，是谓袭明"，这才是管理的大智慧。

大家都知道棉花的作用是保暖，水的作用是降温。如果需要灭火应该用水而不是棉花，否则火势会越来越大，这是水和棉花的特性决定的。如果一位员工，我们错用了他不足的性格能力，对员工是极大的不公平，对管理者和员工都是一种痛苦。

有一位同事小S，他比较适合公关方面的工作。他是我见过最擅长企业公关的员工之一，但他的领导小Z偏偏让他做资料制作方面的工作。资料制作是一个精细活，他非常痛苦。小Z来找到我说，小S的执行力实在是太差了，想开除小S。

我问小Z："你为什么不让他做公关方面的工作，我和小S曾经做过搭档，他是我见过最优秀的公关员工之一。"

小Z生气地说："如果让他做公关，我做什么，难道资料让我来做？！"

"你可以试一下呀，员工的功劳难道不属于领导的吗？"

"基础性工作做不好，我是不会让下属做更有挑战性工作的，否则我的团队都变得眼高手低。"

"你为什么不试探着用大家有优势的性格能力呢？"

"你的观点我没法苟同。"看着小Z的坚决和痛苦，我深深体会到痛苦大都是自己给自己找的。我也是有原则的人，我给自己的定位是：随缘尽分，帮助有缘人。既然我们无缘，我也没有权力改变现状，我也不愿多说什么。和不懂音乐的人沟通音乐，是不可能沟通出深度的。

过了一段时间小S找我辞行，我很想再挽留小S。但小S说："我找到了更好的职位，不仅职位比现在高，工资也翻了一倍。"

"对不起，其实我知道你的痛苦，我已经和领导申请给你换岗位了。"我有些自责。

"都过去了，我不想让大家为难。"

最终小S去了同行的公司，做了副总。到目前为止都做得很好。

"没有不合格的员工，只有不合格的管理者。"作为管理者要清楚地知晓，世上没有十全十美的人，用人看到长处的同时也看到短处，才能做到避其短扬其长。

管理者要了解员工的性格，听其言词，洞悉其喜好需求，并在喜好需求上给予支持。"德者,人之所得,使万物各得其所欲"。这是《素书》中的一句话。所谓德,就是管理者能聚人心,有惠己利他的品质,能因自己的存在而让身边的人可以各得其所并各尽所能。

有一个小寓言故事。小白兔去钓鱼,第一天,一无所获。第二天,它又去钓鱼,还是如此。第三天它刚到,一条大鱼从河里跳出来大叫:"你要是再敢用胡萝卜当鱼饵,我就扁死你。"胡萝卜明显是兔子喜欢吃的,用胡萝卜当诱饵钓鱼是只考虑自己了,全然不顾鱼的感受。所以,你所喜欢的往往并不是别人喜欢的。

我有一个朋友F君,为公司刚提升不久的部门经理,他手下有一位主管小L。小L属于活跃型性格,他冲劲有余,耐力略微不足,需要肯定认可才能更加干劲十足。F君却是一位相当低调的领导,特别不喜欢表扬下属,而且做事比较保守。

一段时间后小L发微信朋友圈,准备辞职。我看后大吃一惊。F君刚提升的部门经理很需要一些能做事的下属,而小L手中有大量的客户资源,而且这些客户公司其他人员基本没有接触。我极力挽留并问原因。他说了四点:一、每次和F君沟通完事情达成一致意见后,一旦出现不好后果,就当众怪罪于他。事后不作任何沟通和说明。二、事情做好了从不表扬,感觉理所当然。三、小L特别在乎总经理对他的看法,而F君总是当着总经理的面责问他什么时候能成熟一点。四、另一家公司工资待遇高了很多。

我劝说道:"据我所知总经理也非常认可你,我们很多人都非常认可你。我也问你四个问题:一、下属不应该给领导多承担些责任吗?二、他人的表扬有那么重要吗?三、总经理这么明智又知人善任,F君的话影响到总经理对你的看法了吗?即便影响了,你工作卓越,总经理会不认可你吗?四、对方公司想重用你,是不是看中了你目前能创造价值,你的价值是不是目前公司培养出来的?你回想一下,你有所作为,待遇上公司有亏待过你吗?希望你三思而后行。"

他悠悠地叹了口气说:"留不留,看F君找我聊不聊天吧!"

我急忙给F君电话,告诉F君:小L是非常爱面子、非常在乎他人看法,工作中表现优秀时需要领导公开表扬和肯定的人。希望当天晚上能和小L单独吃饭沟通一下。F君也特别希望小L留下来支持他的工作,晚上一定深谈。

晚上,接到F君电话:"唉,谈不好,对方给小L工资太高。"

又接到小L电话:"外面的世界很精彩,我想去看看。"

一个晚上心情沉重。为什么两个能力不错,对公司忠心耿耿的战友不能很好相处呢?

美国曾做过一个调研得出一个结论:员工非常在意直接领导的认可和肯定。那么,了解员工的性格,洞悉员工的需求,用员工喜欢的方式而不是自己认为可行的方式,去满足员工合理的需求,是不是上下级关系融洽的很好方式?

不久,F君的另外一位下属主管也辞职了。他曾抱怨说F君特别不擅长肯定手下的成绩，更不会表扬手下员工。我想说：如果员工和领导都不能正确地认识自己和对方，是很不幸的一件事情；如果不是发自内心地学习性格，学会主动改变自己，哪怕再换工作，也得不到很好的发展。性格决定命运，人是性格的奴隶。更多的评价，我不想多说。

我还想说，记得曾经把问题归结于对方的时候，我活得一点也不轻松快乐。后来通过学习性格学清晰地知晓自己的不足，开始觉察主动改变。开始做减法，减去挑剔、指责、悲观、肤浅和计较；开始做加法，增加微笑、理解、欣赏、包容和谦让，周边的事物越来越美好，自己的幸福指数也越来越高。

性格呈现对角线式互补，即：活跃型和实干型性格属于互补性格；领袖型和情感型属于性格互补。互补性格的人因各自的性格长处互相吸引，但同时也因各自性格的不足相互厌恶，因相互包容而工作配合默契。人们往往在自己不擅长的行为而对方又特别擅长时，就会不屑。但实际上你所厌恶的行为正是你身上缺少的能力，我们要正确地看待这个问题，即便自己学不会，但最少做到"知不知"。知道自己不足之所在，优势之所在，这样就能清晰地认识自己，就能有意识地做好自己的人生规划与定位。

再次强调，四种性格类型与能力的高低、品德的好坏没直接关系。四种性格本身也没有好坏之分，学习四种性格的目的是为了工作上的互补，是为了做到"人尽其才，求同存异"。

五、四种性格的成长方向

《道德经》第七十七章说:"有余者损之,不足者补之。天之道,损有余而补不足。" 说的是减少有余而补给不足。自然界的规律是减损多余的并补益不足的。成长就是把自己过剩的部分给减少,不足的部分给补齐。比如:情感型性格的人情绪化较多,那就减少情绪化;活跃型性格的人不擅长细节工作,就要加强细节性工作的能力。如图 2-5。

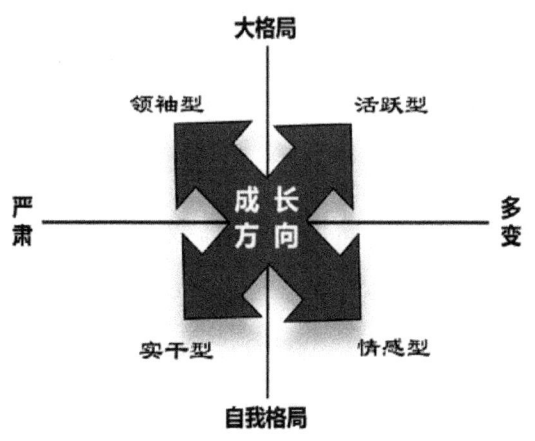

图 2-5 四种性格的成长方向

从图 2-5 可以看出:成长的方向是以对角线方向的发展为主,只要向对角线方向发展,性格上的不足能力就能得到弥补。比如:领袖型拥有了情感型的情感和浪漫,说话就不那么直接与对抗;情感型拥有了领袖型的理性,情绪化就不会随时爆发;活跃型能够学习务实型做事情就能着眼于细节;实干型学习了活跃型就能关注大局和拥有超强的人际沟通能力。我们之前举例的汉武帝、普京总统、马云先生、李嘉诚先生、陆兆禧先生都是成长非常优秀的人。

成长自己，影响他人。在英国最古老的建筑物威斯敏斯特教堂旁边，矗立着一块墓碑，上面刻着这样的一段话：

当我年轻自由的时候，我的想象力没有任何局限，我梦想改变这个世界。

当我渐渐成熟明智的时候，我发现这个世界是不可能改变的，于是我将眼光放得短浅了一些，那就只改变我的国家吧。但是我的国家似乎也是不能改变的。

当我到了迟暮之年，抱着最后一丝努力的希望，我决定只改变我的家庭，我亲近的人，但是，唉！他们根本不接受改变。

现在在我临终之时，我才突然意识到：如果起初我只改变自己，接着我就可以依此改变我的家人。在他们的激发和鼓励下，我可能就能改善我的国家，接下来，谁又知道呢，也许我连整个世界都可以改变。

成长就是养成更多的好习惯，可以提高你的正面影响力。成长说明你额外拥有了另外类型性格的长处能力，扩大了你的影响圈，扩大了你的影响圈就扩大了你的影响力，不断地扩大你的影响力，你就能成为非常卓越的人；但思维模式、行为模式、情绪模式主要还是受基础性格的影响最大。

成长的最终目标是：四种性格的长处能力都能自如运用，该应用什么能力时就用什么能力。

六、四种性格的成长建议

领袖型

保持低调，减少对抗。

不要表达过于直接，适时减少强权。

活跃型

关注细节及事情的深度发展，学会脚踏实地，稳定持续；精耕细作，提升专业技能。

宏大的梦想和项目计划需要精细的规划和持之以恒的努力。

情感型

关注大家的感受，学会关心他人，大局为重；

不要总是在自己的情感世界里，不要过于含蓄表达。

实干型

扩大社交圈，挑战自己的固定思维模式。

适当拓展人际关系，最终培养自己人脉资源整合能力和扩大自己的人生格局。

七、四种性格领导力的优势

领袖型

基于现实的展望未来，有担当的主见，有前瞻性的感知。

活跃型

关注团队利益，富有创新意识，能激发团队热情。

情感型

适度的同理心，心的链接真诚欣赏，卓越想象力富有创意。

实干型

明确的责任与权利，100%的努力状态，坚守约定。

一个优秀的领导者，其四种性格领导力的优势行为都应该掌握，并运用自如。

成长是自己的事情，需要自己"闻道，勤而行之"；就是说我听到、学到了"道"的理论，我就要付诸行动去实行。

《道德经》第五章说："天地不仁，以万物为刍狗；圣人不仁，以百姓为刍狗。"在天地看来，万物都是一样的，没什么区别。对待万事万物就像对待刍狗一样，任凭万物自生自灭。圣人也是没有仁爱的，也同样像刍狗那样对待百姓，任凭人们自作自息。刍狗：用草扎成的狗。古代专用于祭祀之中，祭祀完毕，就把它扔掉或烧掉。

在文中比喻：天地对万物，圣人对百姓都不分好坏，滋养万物而任其自长自消，自生自灭。因为天地知道说是没用的，改变是自己的事情。我的观点是"念随心改，意随心转"，就是思维会因心态的改变而发生改变，进而行为也会改变。

《庄子》中有一则故事，大意是这样：在一个烟雾弥漫的早晨，有一个人划着船逆流而上。突然之间，他看见一只小船顺流直冲向他。眼看小船就要撞上他的船，他高声大叫："小心！小心！"但船还是直接撞了上来，他的船几乎就要沉了。于是他暴跳如雷，开始向对方怒吼，口无遮拦地谩骂。但是当他仔细一瞧，发现是条空船，于是他的气就消了，不再骂人，而是努力地划船了。

为什么气突然消了呢？整个行为也都突然转变呢？没错，是心变了。表面看来，这个人的愤怒是起因于横冲直撞的"那个人"，但其实是来自"这个人鲁莽又无礼"的想法。所以，当他发现船上没人时，他的"想法"变了，随之"感觉"就不一样了，"行为"也就转变，也就不生气了。人的情绪由不舒适变舒适了。

真正改变自己情绪的是发自内心地醒悟，改变自己的只能是自己，主动挑战自己会让你改变舒适度，如图2-6。

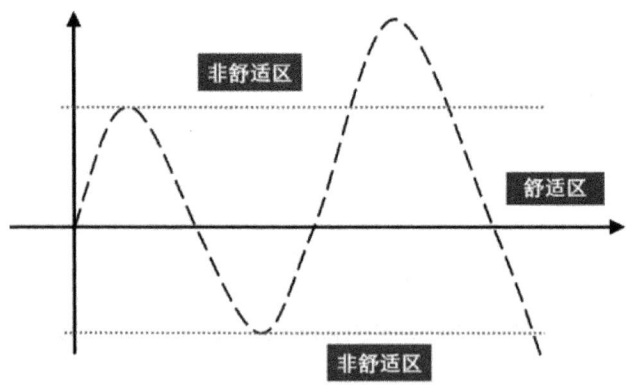

图2-6　情绪的舒适度对比

如何去挑战非舒适区，践行成长呢？人们往往说性格决定命运，如果说性格决定命运，性格的外在表现就是行为，某一行为多次呈现就是叠加行为，叠加行为就是我们性格的体现。佳灵性格分析理论是通过人们经常叠加在外的行为表现，外在特征，情绪模式来判断出基础性格。比如一个不擅长细节性的工作的员工，经常不去做细节性的工作或者做细节性工作很困难，就是他性格的外在表现，他就是活跃型性格的员工。我们如果挑战自己的非舒适区，就是挑战基础性格能力不擅长的部分。我们怎么才能扩大自己非基础性格长处能力呢？由行为开始。比如不擅长关注内部关系，就逼迫自己去内部社交，可以从聚餐开始。从聚餐中加强了人际关系，人际关系好了内部工作流程就更加顺畅，提高了做事效率，就会更加愿意去做人际关系的事宜，时间长了就会养成习惯。一旦习惯养成，非基础性格长处能力一般就可以掌握了。

我有一位下属小K，他特别厌恶活跃型性格伙伴的好大喜功，吹牛显摆。经过沟通，小K也确认自己为实干型性格，活跃地思维、完美地呈现的确不是他的强项，他自己也很想提升自己非基础性格的能力。于是我就针对小K不太擅长创新，过于严谨和一本正经的行为进行训练。首先我将部门内需要创新的项目做了整理，凡是可行性高且已经开始实施创新的项目，分批交给小K负责。我可以感觉得到他的焦虑和不安。刚开始的时候，每当我详细地介绍项目的可行性方案后，他都会说："可是，刘姐……"当他说三遍"可是"之后我也没有太多耐心，忍不住回上一句："没那么多可是，如果结果有不好的一面，我来承担。你只需要大胆地做就可以了。"从此他全力以赴投入工作，结果都是超过预期的美好。小K也非常开心，工作上更加充满自信，也认识到变化带来的益处。部门开会发言时，也变得神采奕奕更具感染力。

实干型伙伴是四种性格中最愿意改变的一种类型，所以成长得比较快。过了一段时间，他不再说"可是，刘姐"而是变成"好的，刘姐"。一年之后，我发现他处事格局和创新思维都得到很大的改善，对活跃型性格的伙伴没那么"嫉恶如仇"了，甚至主动提出一些有战略发展的创新意见，他的老婆也觉得他变得风趣灵活更加可亲了。

名师辅导、领导带教可以提高自己非基础性格的能力，方法就是监督你必须做自己不擅长的行为，并养成习惯。但最核心的成长还是自己的主动求变，自己主动挑战自己的舒适区，领导的带教和辅导只是影响你的行为而不是你的思维，真正改变自己的是发自内心的醒悟。任何人都不可能改变他人只是影响，外在的条件通过内在的改变才能起作用，内心改变了外在也就改变了，内在动力才是核心。

可能还有伙伴不信，请问：你能改变你父母的性格吗？你能改变你孩子的性格吗？你能改变你爱人的性格吗？如果对方有改变，那是因为他自己想改变了，而不是被你改变。一个3岁小孩子的性格都不可能因他人而改变。所以也不要埋怨自己的父母对自己的性格影响，他们的影响只是导火索，炸弹是你自己本身。

初中的时候，我学习一般，因家境贫穷也会经常帮助父母一起做些零工，补给家用，所以我觉得自己不是学习的一块好料，但有一定的挣钱能力。初二的暑假我不打算再上学了，到一家饺子馆帮忙。我主要负责剁饺子馅，当时不似现在有绞肉机，纯粹为手工操作。有一天我削肉皮的时候，不小心把自己的左手大拇指削掉一大块皮，顿时血流如注。老板娘一脸嫌弃地说："赶紧把你的手拿开，别浪费了我的肉馅。"

我把翻开的皮放回原处，找了一块布和线在手上缠了一下，忍着疼痛继续干了起来，我清楚：我能吃苦。

干了20多天，每顿吃的都是卖剩下的饺子。对于一个爱吃大米的信阳人来说是种说不出的痛。有一天我快疯啦，脑海里全部是大米，就和老板娘商量能不能吃一顿米。老板娘不客气地说："我们这只提供饺子，想吃米自己去外面吃。"而我当时一分钱的工钱还没拿到呢。

于是去外面找到一个电话亭，第一次给母亲打电话，第一次哭得这么彻底。母亲说："回来吧，暑假打什么工？"

回家后只有一个想法：考上大学，出人头地。多年后每想到这个事情，内心都充满感激。幸而我找了一个小气的老板娘，所以才改变了人生；幸而我当时的想法不是自暴自弃而是自发向上。再回想：多少次父母婆口苦心地劝导，好好学习，何时又听进去了呢？

改变自己的只有自己，改变是因为痛苦之后的生命探索或者是自己认识到了改变的重要性。"故天将降大任于斯人也，必先苦其心志，劳其筋骨，饿其体肤，空乏其身，行拂乱其所为，所以动心忍性，增益其所不能。"痛了才会改，那么，我们为什么不主动改变，更好地成长自己，让痛不发生呢？

既然成长是自己的事情，而且最终的目标是四种性格的能力都能运用自如。我们就要不断地挑战自己，不断地挑战自己的舒适区，扩大自己的舒适圈。

第八节 性格类型的评估方法

一、通过问卷判断和评估性格

以下题目可以提供四种性格的辅助判断：

给自己打分，得分标准：最符合3分，其次符合2分，再次得1分，最不符合0分。

总体来说，我的关注焦点是：

A. 我关注生活的有序，稳定和保障，喜欢独立及自给自足，与他人保持明确的界限，依靠自己，独来独往，喜欢储存资源，焦虑资源短缺，确保万无一失。

B. 我关注亲密关系的深度，喜欢深度交流与共鸣，喜欢折腾新鲜刺激的个人体验，挑战尝新让我充满兴奋和激情。

C. 我关注社会，团体，圈子的潮流，趋势及动态，以及我在群体中的位置和归属感，崇尚合作共赢，在意公平平等。

D. 我立足长远的发展，在事实、数据的基础上，依据直觉判断对事情做整体推动，不怕得罪人也敢于得罪人，有时候内心感觉孤单，挑战尝新让我充满活力，做事以结果为导向。

1. 请针对 A、B、C、D 四题进行 0~3 分的分数选择，每个分数只能选填一次；

2. □ A: 实干型　□ B: 情感型　□ C：活跃型　□ D 领袖型

3. 得分最高的为你的基本性格；得分最低的为你性格中最缺的能力，我们主要学习其他性格的长处能力,特别是对角线的长处能力。

二、在答疑互动中确定性格类型

1. 问：佳灵性格分析理论的实干型、情感型、活跃型、领袖型这四种类型性格和大家熟悉的 DISC 性格分析的驱策型、表达型、分析型、温和型四种类型有什么不同？

答：相同点，都是四种社会行为的观察。

不同点：

一是划分的维度不一样，DISC 性格分析驱策型、表达型、分析型、温和型四种类型的维度为外向和内向；关注人和关注事的维度进行区分。佳灵性格分析理论是从大格局和自我格局；严肃和多变的维度进行区分（本书的前面有阐述，这里不再重复）。更适用于工作上的沟通和管理方面的配合。

二是佳灵性格分析理论通过对外在叠加的行为去推断性格的固有思维模式。可以直接为管理者和自己提供判断依据。基础性格就是你固有的思维模式，基础性格的核心长处和不足是不会发生改变的。这样就可以相对客观地认识自己和他人，知道自己和他人思维模式的优势和不足，可以帮助我们粗略地了解他人的想法，更好地理解别人，减少误会。

三是佳灵性格分析理论更简单易学、方便实用："相由心生"。通过直接观察对方叠加的行为、面貌就可以判断出对方的基础性格，可以知道自己和他人的思维模式；思维模式又会影响行为模式和情绪模式；这样就可以为自己和他人提供相对直观的性格工具。当知道自己和他人的局限后就可以尽量去避免，去改进，或者取长补短，中人尽其才。

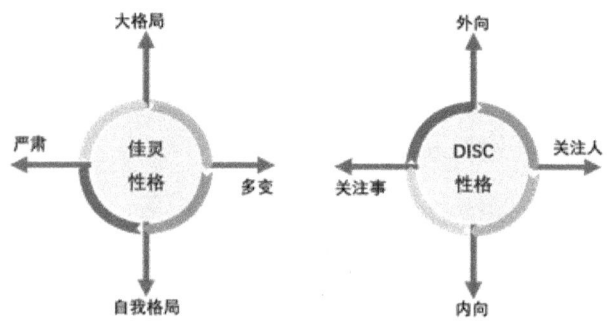

图 2-7 性格分类比较

2.问：为什么我四种性格的成分都有？怎样判断自己和下属

的性格呢？

答：一是某一型的典型描述，不一定完全符合每一人，因为每个人的成长环境独一无二，人们为了顺应环境、社会文化，有可能出现一些差异，所以同类型基础性格人也各自拥有一些属于自己的特质，或同时拥有其他性格能力的强弱不同。

二是四种性格的能力每个人都有：每个人除了基础性格，其他性格方面的能力也会有，只是善于使用这种能力的程度不同，也就是善于使用这种能力的占比不同，占比能力最高的性格区域的就是你的基础性格，占比最低的是你最不擅长的行为能力。日常主要受基础性格的思维习惯影响而惯用自己的性格能量。

通常来说，假如一个人四种性格占比最多的为实干型30%，那么实干型性格就是他的基础性格。同时其他四种性格能力也都会有，如果排除掉实干型性格的基础性格能力，他活跃型的性格占27%的话，就以活跃型的性格能力为辅。如下图2-8所示。每个人不同性格类型的百分比是不一样的，所以外在呈现上也不一样。事实上，大家习惯用自己基础性格的思维模式来呈现自己的行为模式和情绪模式，所以往往呈现的主要为基础性格的能力，所以在性格分析上只用基础性格来区分。

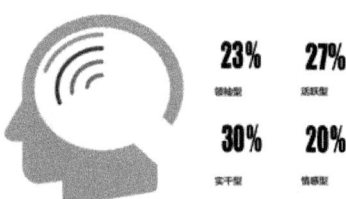

图2-8 四种性格百分比

三是人的性格可以细分成 N 种类型，可以按四象限法则再无限次地分下去。

第一层级分为领袖型性格，主要的表现的外在能力就为领袖型；第二层级是活跃型性格，在基础性格的基础上会有活跃型的能力成分；在第三层级又是实干型性格的能力成分。每种性格类型都可按上图层级进行再细分。因外在最主要的思维能力呈现为第一层级的思维特征，所以，一般不再做细分，把第一层级的思维模式定位基础性格，虽然再细分的层级能力也会有。如果大家对此感兴趣的情况下，可以再去研究细分的层级。如图 2-9。

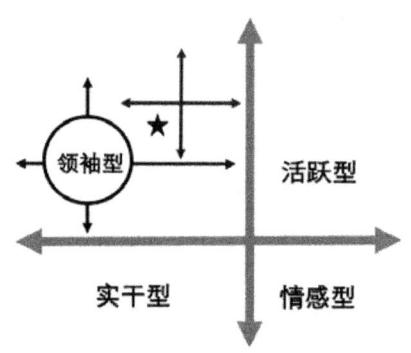

图 2-9　性格层级示意图

判断自己和下属：本书的前面已经阐述的很详细了，我不再过多说明，可以分享一些方法供大家参考。《道德经》第十六章上的一段话"致虚极，守静笃，万物并作，吾以观其复。夫物芸芸，各复归其根。"尽可能地使自己显得虚若无有，尽可能地保持清静，在波起云涌似的事态演变中，我们可以因此而观察它们的循环反复。世间万物虽然纷纭繁杂，但都可以归结于它们的根本。

我们要用"致虚极，守静笃"的方法客观地去觉察自己，找到占比最大的思维模式和行为模式，这可能就是您的基础性格。同时用这种方法观察下属的思维模式、行为模式、情绪模式及外在特征来综合判断。这个过程不要急于求成，不要过早下结论判断，要用叠加的行为多次考量。一定要记得：了解他人从了解自己开始，清楚地了解自己后，才能更好的了解他人。

下面我介绍一下判断他人性格的"望闻问切"法。

望就是观察外表：

领袖型：着装实用、利落、得体；表情相对严肃，肢体动作有力度；眼神笃定、坚定。

活跃型：着装体面光鲜、重品牌；表情阳光、奔放有亲和力，肢体动作开合比较大；眼神真诚、热情、率真。

情感型：着装独特、雅致，养眼而不耀眼，耐人品味；表情有时迷离有时专注，肢体动作喜欢的时候向前、专注、柔和；眼神深情安定有时喜欢与别人的目光接触、眼神交流。

实干型：着装低调、内敛；注重简洁、方便、舒适，女士较少饰物，色调较单一；表情严肃，身体内收甚至僵硬；肢体动作幅度小、紧绷；眼神冷静、审视、不注重情感连接。

闻就是听语气：

领袖型：喜欢用肯定的语气、底气足、带有权威性。

活跃型：豪爽、随机、多变、声音洪亮。

情感型：关切、富含感情，声线低缓。

实干型：镇定、正经、说话较谨慎，言语较少。

问就是沟通中感觉对方的情绪：

领袖型：相对理性，先重视事情，再重视人情关系。

活跃型：冲动，重视人情关系的基础上重视事情。

情感型：感性，先重视情，再重视事。

实干型：理性，重视事情，少关注人情世故。

切就是根据工作中的表现来判断：

领袖型：能全面推动事物，有时因好对他人发号施令或打破现有平衡而让他人感觉不舒服。

活跃型：团队中快乐的创造者，人际关系好，做事有时候虎头蛇尾。

情感型：有时真心关心他人，有时不分场合的情绪化严重。

实干型：靠谱的合作伙伴，忠心耿耿，做事踏实，主动求变意识不强。

如果再不明白，建议再回看本书每种类型性格的详解部分。

3. 问：一个团队需要什么性格类型的人，能否偏爱一种性格？

答：这个和团队的工作性质有关系。如果是不需要创新，相对枯燥的工种可以实干型居多；如果是追求艺术感个性化的工种可以情感型居多；如果需要创新，灵活的可以活跃型居多；如果各自为政可以领袖型居多。一个团队最好能每一种性格的人都要有，最少要有两种以上性格来给予互补，这样既能关注发展又能兼顾眼前。

再次强调，四种性格没有好坏之分，四种性格类型与能力的高低、品德的好坏没直接关系。学习四种性格的目的是为了"人尽其才"与"求同存异"。

4. 与活跃型性格的互动

问题一：我怎样才能成长为全能的性格，或者发展成实干型多一点？

答：四种性格的基础性格是改变不了的。能改变的是提升自己非基础性格的长处能力。非基础性格的能力大家都有，改变的方法也很简单，只是你愿意不愿意用的问题，愿不愿意改变自己舒适区的问题。由行为而改变。比如不擅长做细节性的工作，逼迫自己去做细节性的工作，一次，两次。坚持一段时间就会养成习惯。一旦习惯养成，非基础性格长处能力就可以掌握了。如果你实在控制不住自己，可以找一个人监督。

问题二：我也发现自己确实会给他人一种高大虚空感觉，但我怎么努力都改变不了。

答：如果改变不了就不改也行，但你要知道，而且要清晰地知道自己某方面的不足，如《道德经》中所说，你要"知不知"，"知不知尚矣，不知知，病也"。知道自己还有所不知，这是很高明的；不知道却自以为知道，这是很糟糕的。当你知道这方面不足时，你要找个性格互补的搭档来弥补自己的不足。

问题三：那我怎么来找实干型的伙伴做搭档呢？

答：两种途径，自己招。领导配。

5. 与实干型领导管理活跃型下属的互动

问题一：怎样管理活跃型下属？

答：关注细节，在细节上给予帮助和支持。协助或者搭配一位实干型搭档，或者采取强硬手段对其细节上进行监督。

问题二：如果活跃型下属擅作主张怎么办？

答：首先，要善于发现下属的优点，而不是紧盯缺点，兼顾优点和缺点就能做到看人时公正而全面。这一点我们要向孔圣人学习。孔子的学生子夏问孔子："颜回这个人怎么样？"孔子回答说："颜回的信用好极了，我不及他。"子夏又问："那么，子贡这个人又怎么样呢？"孔子回答说："子贡嘛，挺聪明的，我不及他。"子夏接着问："那么子路又怎么样？"孔子回答说："子路的勇敢，远近驰名，我不及他。"子夏再问："那么子张又怎么样？"孔子回答说："子张严谨庄重，我不及他。"所以孔子能培养出"三千弟子，七十二贤人"。

公正才能受到他人的尊敬和推崇。《道德经》第五十六章："故不可得而亲，不可得而疏；不可得而利，不可得而害；不可得而贵，不可得而贱；故为天下贵。"有道的人不分亲疏，不分利害，不分贵贱，所以就为天下人所尊重。

其次，每一个行为背后都有一颗正向动机的心。我是以结果为导向的人，我的回答可能有些伙伴不一定认同，这只代表我个人的观点。如果结果是非常好的，对公司和大家都有利，可以给予支持。如果结果不好则严惩。

我本身是也是一位实干型的，当活跃型下属给我提出想法的时候我往往被他们的大胆吓住；或者被他们的投入吓住。但我会继续从他以及其他渠道收集更多的信息，合理的就授权支持，在支持他们的同时，给予风险和细节上的把控。往往也会有意想不到的好结果。这个过程对于实干型的人有时候很虐心，但慢慢习惯后，会拓展自己的战略思维能力。

6. 关于管理情感型性格的互动

问题一：我不知道我属于什么类型，但我知道我的下属应该属于情感型，我已经很迁就他了，但他依然控制不了情绪。我不知道是否需要开除他，因为他能力上没有问题，很优秀。我该怎么办？

答：性格无好坏之分，性格和品德之间不是等号。如果他能力上没问题，品德上没问题，不建议开除。

一般情感型的伙伴，如果情感链接上得不到满足，就会有一些情感的爆发。而且爆发的对象往往是他们比较认可或欣赏的领导。他们还有一个性格上的不足，就是不会主动表达自己不满的地方具体是什么，只是用情绪宣泄。一般人迁就一段时间就会崩溃。建议：敞开心扉，先解决情绪问题，再谈工作问题。如果仅仅就事论事谈工作，他们很难马上接受调解。比如：我母亲是情感型的人，我没学性格学之前，她每次有情绪时我都和她讲道理，结果她的情绪更大了。我学了性格学以后明白了，其实道理她都懂，就是情感上需要安慰；所以当她再有情绪的时候，我首先表示认可她的感受。我会说，我虽然没法想象你的感受，但我可以理解你的感受，我们家没你可真不行呢……或者就静静地坐在一边，拉着她的手，用纸巾轻柔的给她擦眼泪，这样她情绪很快就好了。真诚地、一对一地、面对面地去沟通，先让自己的情感能够和对方进行链接，有事情时一定直说，不要遮遮掩掩，他可以感觉得到你的不真诚。面对他们热情而丰富的情感，平静面对，要看到他们情绪背后的情感诉求或者其他需求，并给予支持。

问题二：我对他已经忍无可忍了。

答：我可以理解你的这种感受。一般情感型员工女孩略多。我有一位下属也是情感型。我每天像哄孩子一样哄她，的确很麻烦。后来我发现她有两点需求：一是认可并肯定工作上的努力和付出；二是满足她的情感需求。因此，除了要满足他们工作本身的需求外，还要和他们及时沟通情感，提前满足感情需求，并且尽量在只有两个人的空间里谈话。尽量包容她的情绪，突出她的优秀。她本身是没有恶意的。当然如果实在忍无可忍，可根据实际情况作出其他决定。

7. 与情感型性格的互动

问题一：我可能属于情感型的人，我往往莫名其妙地对领导发脾气，我已经察觉到了，可是控制不了。

答：实话实说，在我遇到的下属中，情感型是让我最头痛的下属。不是说能力不行，而是情绪化太严重。因为你们的情感很强烈，当得不到抒发或满足的时候就会爆发，目的是希望能得到你认可人的注意和肯定，这个情绪的确不是个人所能控制的。我也说过，人是性格的奴隶，性格的确不好控制。我的建议是：找到情感可以寄托的事或物，比如说旅游、画画、唱歌什么的；再有就是多进行体育锻炼，把关注力转移到其他事物上。

问题二：我懒得行动。

答：你必须行动！用行动和寄托的改变来化解你的情绪，不是所有人都能包容你的情绪，我们不是生活在不食人间烟火的虚幻世界里。改变从来就是自己的事情，只有自己改变了，整个世界才会改变。

8. 领袖型性格管理实干型性格疑惑的互动

问题一：我手下有位员工，应该属于实干型性格，非常能干。

做事情绝对没问题，但是对变革就无动于衷，跟不上步伐怎么办？

答：要给时间思考，其次要让他们看到变化后的结果及解答他们的疑惑不安。他们之所以不愿改变，有两个原因：一、他们做任何事情都钻研得比较深入，让他们从很深的地方拔出来本身就需要时间。二、他们本身追求安全，当对未知的事情不能掌控时，他们会因恐惧而犹豫不定。建议：当你等不及的时候可以把这件事情暂交活跃型去做，但活跃型做事深度有时不够，可能虎头蛇尾。这个时候再让实干型去做，不仅能做得深入还能让您满意，因为实干型的人比较务实忠诚。或者直接找实干型的人沟通，采用"不言之教"的方式挖掘出他的疑惑，然后及时给予解答，让其安心，一般也有很好的效果。实干型的人是最愿意改变的一种类型，所以成长起来也会很快。

9. 管理领袖型性格的困惑互动

问题一：领袖型性格的人往往打破现有的平衡，会让上下级的心里都不舒服。

答：只要不是品德问题，让他打破得了，打破了平衡，事情就向另一个高度发展。在这里需要提醒您的是：要分清他到底是活跃型还是领袖型。如果是活跃型性格而且没有实干型长处能力的员工，你就有烂摊子要收拾了，因为他不擅长做深入细节的工作，所以这个时候你要区分清晰，是活跃型慎重支持，要搞清楚可行度，可行了才支持。如果是领袖型就放心支持。

问题二：我怎样才能知道对方是领袖型还是活跃型呢？

答：当他提出好的想法建议时，让他写可行性报告。报告里有调研，有烦琐的事实和大量的数据，有据可依，思考全面的一般考虑领袖型或者是通过成长具有实干型长处能力的活跃型员工；否则活跃型居多，特别是不写报告的。

10. 问：如何快速区分四种性格？

答：一般来说情感型性格的人很难和其他三型混淆。情感型性格的人天生对他人有一种吸引力。但情感型性格拥有领袖型性格的长处能力时，相对理性又有大局观时，也很似领袖型性格，这是最好不过的事情，管理上可以不做区分。

活跃型性格和领袖型性格：在回答管理领袖型的困惑互动中有提，这里就不重复。

活跃型性格和实干型性格：一般情况下很好区分，但活跃型性格善用实干型性格长处的能力和实干型性格善用活跃型性格的思维能力时，可能会混淆。一般来说：大部分的情况下，实干型人身体比较僵硬，肢体动作开合不大，面部表情严肃；活跃型身体圆润，肢体动作张扬，面部表情温和，善于活跃气氛。在这种情况下，实在判断不出来，就不要过于纠结是哪个型号。因为他们已经自我成长，会自己管理好自己的。管理的本质就是自己管理自己，领导者只是引导监督的作用，管理上不做区分。

实干型性格和领袖型性格：同上，一般情况下很好区分，但实干型性格善用活跃型性格的思维能力时，可能会混淆。如果在战略布局和创新思维上，实干型都比较不错的情况下，管理上也不用做区分。

一般来说，实干型性格人的社交圈子比较小，朋友不多，比较关注家庭，不愿过多社交。情感型性格的人只要能产生情感共鸣，就能与人成为朋友。领袖型性格的人，会有一些与工作相关的朋友。而活跃型性格的人，朋友则是多多益善，往往会有很广泛的朋友圈。

说明：成长后具有非基础性格长处能力的人都能很好的控制自己，所以管理上不用区分。因为他们做到了《道德经》第四十八章所说："为学日益，为道日损。"逐渐增加自己的知识，尽可能地保持静心，逐渐减少自己的主观意识。主观意识也是性格中所偏执的观念，也是佛家所说"我执"。所谓我执，也就是执着自我，以自我观点为中心，对任何事情都坚持自己的想法才是对的。佛家的"执"是劫，需修"智"，才能灭"执"，这也是佛家的修行道路。当放下心中偏执的观念了，就成为有大智慧的人。《道德经》第五十二章也说"塞其兑，闭其门，终身不勤。开其兑，济其事，终身不救。" 塞住欲念的孔穴，闭起欲念的门径，终身都不会有烦扰之事。如果打开欲念的孔穴，就会增添纷杂的事件，终身都不可救治。这里的"欲念"也是一种贪欲、贪念。放下贪念，就是放下片面的主观执念，"迷而不返者惑"。领袖型偏权力、情感型偏感觉、活跃型偏人际、实干型偏安全。"我执"

和"贪念"都是一种错误，所以执着于"我的观念"是阻碍个人发展的顽疾。

再次强调成长的关键是靠自己，自己要主动改变，主动改变会让你更快乐。工作中领导可以要求我们的行为，但只能是引导、监督和影响。求人不如求己，外在的条件通过内在的改变才能起作用，改变心态才能起作用，内在动力才是核心。所以说："天地不仁，以万物为刍狗；圣人不仁，以百姓为刍狗。"改变是自己的事情，内心改变了，行为也就改变了。

11. 问：如何更形象化地理解这四种类型性格的人呢？怎么通过观察来判断自己的性格类型？

答：这个问题我思考了很久。正好有一次和女儿一起看作家沈石溪的动物系列作品，突然就有了灵感。

场景一：我们可以静下心来，想象一个画面：在草原上，有一匹孤狼，它只能靠自己去猎食，靠自己的努力生存下去。它要保证自己的安全，只能依靠自己，它必须小心地保护好自己，照顾好自己。它还必须要掌握更多的与生存相关的技能。因为是孤狼，往往只能捕食小猎物比如兔子和老鼠之类，对大型猎物也只能是徒劳无功；所以他深知食物来之不易，绝不轻意浪费食物；同时有了节余还要将食物储备起来，以备不时之需。如果没有收获猎物以供食用或储藏，它就会开始焦虑。事实上也确实容易焦虑，因为小动物也不可能保存太多。所以它每天都必须勤勤恳恳地去狩猎。

反映到现实生活中，这就是实干型伙伴的写照。勤恳地工作就是他们的生存模式。他们很少寻求别人的帮助，凡事依靠自己。在内心深处，他就是那个孤狼，不太需要别人的帮助，习惯于只靠自己就能生存下去。他们会更多地关注当下的生存需要，当不能有很好的物质保障时就会焦虑。他们往往不太会去做不切实际的幻想，觉得长远的战略并不特别靠谱。他们不追求太过激情的生活，而是特别关注稳定、安全的家庭关系。也不喜欢别人探及自己的生活隐私，除非他们自己愿意主动去诉说，前提是他已经把你当成最好的朋友。他们也不太擅长部门内部的沟通，因为他觉得不需要协助，自己能搞定工作。他们注重工作上的细节，熟悉工作上的各个环节。他们注重数据的准确性，追求事物的真相，很清楚工作的逻辑及构架，冷静，理智，也乐于探索世界的规律。他们生存的核心理念就是：我关注的事情好了，就一切都好。

情绪习惯：恐惧。

场景二：再想象一个画面，在草原上有两匹狼结伴而行，它们共同打猎，共同生活。两匹狼需要很好地配合，才能顺利完成捕猎获取食物，才能更好地存活下去。一方受伤了，另外一方就担负起照顾它的工作，直到对方康复。它们互相关注对方的安危，相互依存。由于配合打猎，所以沟通及时，分工明确，配合默契。打猎成功后，会呆在家里分享食物、相互关爱、培养感情，等到快没有食物的时候再一起出去打猎。时间长了，就无法离开彼此，它们之间形成了相互依存的牢固关系。相对于一匹孤狼，两匹狼配合更容易打到猎物，也更容易存活下来。

回到人类现实，这就是情感型伙伴的写照，这反映了他们的生存模式。他们需要相互依存，需要强烈的情感链接，需要对方真诚待我，认可我。一旦情感得不到满足就会很悲伤，甚至体验到生存危机。他们追求真情实感，在意感性的情感体验，并不善于利用理性的思考控制感情，一旦受挫容易悲伤和情绪化。他们希望被认同，希望爱与被爱，渴望被欣赏与理解。他们情感浓烈，希望对方的关注认可，所以往往注重形象，穿着特别有品位，追求独特的感觉。

场景三：我们再看另外一个画面，遇到更大的猎物，如羚羊、野牛什么的，狼就发现需要更多的同伴联合起来，协调指挥、分工合作才能猎取成功。在集体打猎的过程中，狼群通过分工合作，取长补短，发挥各自优势，自然分化出等级，分配食物时自觉地按功分配。它们非常享受狩猎过程中的氛围，会共同庆祝收获猎物的成功，也享受对食物的分享。

回到人类现实，这就是活跃型性格生存模式的写照。他们非常注意在团体中的角色和定位，确保在团队中有自己的位置。他们自觉为群体服务，他们的生存安全感也来源于此。他们有大局观和归属感，希望得到大家的认可，期待大家对他赞赏。所以他们非常注重面子和形象。他们兴趣广泛，他们似乎什么都会，但似乎什么都不精，往往让人觉得高大虚空。因为他们和团队在一起，会感觉不需要掌握多么强大的生存技能，团队中有这方面的强者就可以了。他们依靠团队才能生活的更好，所以擅长内部沟通协调，沟通中也能关注到所有的人。他们注重团体利益，他们认为团队的利益有了，自己的利益也就有了，认为按功分配是很正常的事情。他们生存的核心理念是，我关注的团体中，有我合适的位置就好。

情绪习惯：喜乐。

场景四：再回到狼群，依靠团队虽然可以捕获到大的猎物并按功分配，但这种分配方式对于那些幼崽和老弱病残来说，生存是得不到保障的。为了整个狼群的生存与发展，它们的首领目光长远，就会号召群狼，集合众狼之力，整合资源，协调指挥，分工协作，有效地去猎取大型猎物。在打猎过程中，头狼率先全程参与，它能识别出部落内每只狼的长处，也会留意到每只狼的作用与功劳，而在分配食物时不仅能按功分配，同时也照顾到那些老弱病残的狼。它希望部落强大了，即使自己哪一天自己病了、衰老了，仍然有食物分享，可以继续得到生存保障。

人类现实中，这就是领袖型性格的生存模式，他们目光长远，审时度势，不惧怕武力。他们通常会对周围的资源进行整合，建立或参与一个自己认可的团体。他们注重大的环境，在意规则，注重身体感受。他们天生具有识人、断人的本领，他们不喜欢受他人管制，自己的地盘自己说了算。他们崇尚公平，注重权力，如果有人破坏了团体规则、破坏了团队利益，他们会常常感到很愤怒，因此会得罪一些人。他们的生存的核心理念：我地地盘我做主。

情绪习惯：愤怒。

好了，现在感受一下，能否判断出你是哪种类型的人呢？

12、我是哪一种类型的领导者？

答：我们可以通过静思的方法觉察自己。在性格层级健康的情况下，一般来说，可以做如下对照。

领袖型领导：求稳中有发展、授权中又有亲力亲为、量入为出又关注长远投资。在高层状态下，领袖型的伙伴具有审时度势的智慧，以及对群体心理的洞察力，尤其能够因地制宜、因势利导地解决问题，通过斡旋调停，巧妙地化解各种问题、分歧和冲突。他们深谋远虑且富有策略性，举重若轻，抓大放小，确保整体利益的最大化。履行一份责任和使命担当。

活跃型领导：授权、共创、多赢、开放包容、发挥每个人的长处、资源整合、擅长社交网络等。在高层状态下，活跃型的伙伴具有全局视野，顾全大局，心胸宽广，总是以整体利益为先，他们是最可能牺牲自我的利益来为整体服务的。他们不吝啬自己的时间、精力、金钱和资源，甚至是牺牲自己的个人声誉来成全更大的集体利益和福祉，帮助和支持更多的人。他们致力于社会、文化和人道主义进步的事务，积极融入各种对社会有正向影响力的群体。

情感型领导：激情、创新、突破、挑战、人性化、人情味、个人魅力、个性化等。在高层状态下，情感型的伙伴对世界敞开心怀，怀有对生活的热情和积极体验的心态，他们兴趣广泛，精力充沛，激情四射，浑身上下散发出与生俱来的魅力、活力和吸引力。他们愿意为实现理想而勇敢冒险，为实现梦想一路向前，挑战尝新，创意无限。

实干型领导：务实、求稳、注重细节、亲力亲为、量入为出、成本控制、关注具体操作层面等。在高层状态下，实干型的伙伴务实沉稳，勤奋认真，坚定敦实，忠诚可靠，专注于工作和自我发展。他们条理清晰，善于各项计划、理财和时间管理，注重效率和效果，能够精准而适度地满足自己和他人的各种需要。他们可以适应现实社会的各种要求，脚踏实地、精耕细作、责任心强，具有强大的落实能力，是社会的稳定基石和中坚力量，并能够为自己和他人的生存发展创造一个安定、有序的环境。更难能可贵的是，他们能够根据情况变化，不断调整计划，从而有效地维持工作和生活的有序、平稳、持续的运转和发展。

一旦性格层级在不健康层次他们会怎么样呢？

领袖型领导：愤怒谩骂，推卸责任，一蹶不振，自舔伤口。

活跃型领导：华而不实、沽名钓誉、心机城府、光说不做、面子工程。

情感型领导：盲目冒险、走极端、情绪不稳、毁灭倾向、做作或作死。

实干型领导：固步自封、隅于细节、谨小慎微、专制独断、停滞不前。

一个人在压力状态下性格健康层次很快会下降到不健康层级；在舒适状态下性格健康层次会较高。我们要看自己的常态，以大部分的健康状态来确定自己的第一性格。

13. 问：为什么测试的时候，我的性格类型很难区分，觉得自己属于综合性的，每个类型都像，是不是还有一个类型不属于这四型当中的？

答：从佳灵性格分析理论的角度来说，如果能和自己的内心相处，去探索自己，您必然属于四型中的其中一型，不可能出现第五型。但是每种型号还分为健康层级、一般层级、不健康层级。一般来说四型人格处在健康层级和不健康层级时他人很难从行为上区分开来。参见图2-10：

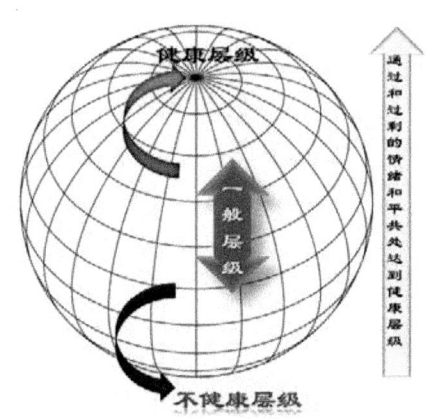

图2-10 健康层级图

说明：当大家处于极度健康层级或极度不健康层级时，他们外在的表现行为是不容易区分的，他们的外在行为要么过于受"我执"的影响，呈现出所有四型性格中的不足的行为，特别是基础性格中的不足行为；或者外在行为部分因放下"我执"，呈现出所有四型性格中的优势的行为，特别是基础性格中的优势行为。因大部分的人属于一般层级，所以从行为上可以相对明显区分。也就是说如果你很难辨别自己和他人，说明自己或他人处在不健康层级或者是不健康层级的状态。如果是健康层级的状态就非常好，如果是不健康层级的状态就非常麻烦。因为健康层级状态下呈现的都是四种性格中比较长处的一面，而在不健康层级状态下呈现的都是四种性格中相对短处的部分。

所以，我们想要做到"知不知"，想要准确地认识自己和他人，还要看自己和他人在四种类型性格的健康发展层级，这能帮助我们更好地理解相同型性格的人不同的表现，也可以为一个人的成长指明方向。

（一）健康层级

健康层次图中：上面三分之一的层次都属于健康层级，说明大家内心中能放下"我执"，和"我执"能和平相处，是我们每个人自我完善和提升的方向；

健康层次图中：中间三分之一层次都属于一般状态，也是我们大部分人所处于的固有性格模式的状态，看外在行为一般可以区分；

健康层次图中：下面三分之一层次都属于不健康层级状态，

说明我们的内心过于"我执"，特别需要我们通过冥想的方式和过剩的情绪，也就是与"我执"和平共处，认可它接纳它，达到相对健康的层次。

（二）成长方向：向健康的层级发展

性格在某种程度上可以理解为是一种情绪，它是以各种情绪形式存在的能量，当你仔细地去观照它、认识它，和它合平共处，它可以对你毫无影响。一般来说人都是有七情六欲的，合理的本能情绪是没有问题的，但当情绪欲望不断扩大，无限扩张过于偏于"我执"的时候，那您的健康层次就会变低。所以我建议大家通过冥想的方式，和自己过剩的情绪相处，认可它接纳它，克制它，最终达到相对健康的层次。因为这本书主要是写管理，暂不多说如何向健康层级发展。

14. 问：领袖型性格的人在家庭生活中是什么样子的？有哪些不足和要注意的地方？

答：①刻苦、专注、坚持度高，总想在工作和生活上获得平衡，但是往往会为了工作而忽略和家人的情感交流。②固执，相信自己，容易用自己的想法强加到他人思维中。认为自己一碗水端平了，实际上是用自己的对"理"的理解来端平，会让大家觉得有些霸道的固执。

我有一位朋友属于领袖型性格的伙伴，他说：

我决定做一件事情的时候拿起来就干！从来不想第二遍，爱咋咋地。在我的生命中，所有遇到的我不能掌控的事情，我都懂得隐忍，无论时间多久，我都耐得住寂寞，因为背后有个声音：我要扳回这一局！为了获得最终的胜利，我会付出巨大的努力。

虽然我工作上顺风顺水，也有一帮一起做事的兄弟，做到了很高的职位，但家庭生活我却不能处理得很好，我觉得我一碗水端得很平，但老婆小A和妈妈的关系我依然不能很好解决。我觉得人活着啊，其实很简单，吃饱了喝足了就行了，我真没太多的想法，但她们总为一些小事斤斤计较吵来吵去，弄得我头大。

我觉得做人应该懂"孝"、尽孝。所以我告诉老婆要对老人孝顺，她更加生气。觉得我天天不在家，是她在对女儿、儿子一心一意地培养，两位老人都有病，她也对老人尽心尽责地照顾，已经很孝顺了，觉得我怎么能这样错怪她？实际上我内心也觉得小A做的的确不错。

所以我劝说母亲：小A在家带2个孩子，照顾2个生病的老人是不容易的，虽然你儿子能挣点钱，但钱不是万能的。你要理解小A，不要为家庭生活添麻烦。母亲听后呢也很生气，说我偏向媳妇，嫌弃她麻烦，她要离开家。

我现在特别不想回家，感觉跟兄弟们待在一起心情就很好。

可见，领袖型的伙伴在工作上很优秀、卓越。但在处理家庭关系时过于理性或者坚持自己心中的"理"，并以简单粗暴的方式来处理家庭事情，往往效果一般。

建议：打开自己的情感，家不是讲"理"的地方，不要用强硬的态度，努力学会调整心态，通过换位思考，以认同情感给予家人肯定。然后再处理事情。

和领袖型相处：需要理性，需要小鸟依人，需要示弱，需要看上去单纯。

15. 情感型性格的人在家庭生活中是什么样子的？有哪些不足和要注意的地方？

答：真实，很在意自己的朋友和另一半，并死心塌地地对朋友好。对情感的浓度需求很重，但不主动交流情感和内心想法，容易让大家感觉到莫名其妙。

晓冰从小就对情感很敏感，很容易在人群中捕捉到自己喜欢的伙伴，一个眼神，一个动作足矣。

晓冰认为他老公小宇就是自己的白马王子，从此相爱一生，为了小宇的事业她放弃了自己喜爱的工作。但随着时间的流逝，她发现小宇很不懂她，每当她不开心的时候，小宇总是很俗气地说我还不是为了家，为了挣钱才陪伴你少的？这样吧，再给你买个包。

晓冰觉得小宇也很辛苦也就不再做声了，但随着时间的继续流逝，小宇认为她是一个十足的物资狂，爱的只是他的钱而已，事实上她喜欢的是小宇本身。晓冰变得缄默无言，黯然神伤，甚至没事找事。小宇更加莫明奇妙,不知所措,总是不明白究竟发生了什么?她为什么不高兴?时间久了,晓冰觉得小宇的心变了,再也不是以前那个呵护着她,爱着她懂她的人,她很悲伤;小宇也觉得晓冰变了,再也不是以前那个温柔善解人意的晓冰了。

晓冰一直渴望情感的沟通,没有"情"的生活,对于晓冰是痛苦的,她不想告诉别人,也不觉得有谁能明白她的悲伤。夜深人静时,往往触景生情,这种幽幽的悲伤常常伴随着她,她也不知为谁而悲伤,不知为什么事而悲伤,只是在想:人生是如此的悲惨?生命真是没有意义!

情感型的伙伴对情感的需求强烈而浓烈,会给他人造成极大的情感压力。小宇也是我的朋友,他告诉我,他越来越接受不了晓冰,遇到事情就是冷战,有时候辛辛苦苦出差回来,以为家是港湾,而晓冰总是一副冷冰冰的脸,问她怎么了也不说。只能暗自揣测:我那点做的不对了,还是我妈妈可能惹她不开心了,或者……反正我很难知道她为什么不高兴,我觉得婚姻真的没有什么意义。

其实,情绪型的伙伴是把情绪放大了,遇到伤感的人或事,他们会退缩到自己的世界里去胡思乱想,更容易情绪化。

建议:淡化自己的情感浓度,学会沟通,说出自己的情绪,多和大自然拥抱。

和情感型相处:认可他的感觉,接纳他们的莫名其妙,如果他们沉浸在某种情绪中难以自拔时,不要询问原因,而是让她在自己的世界里自我调整,你的询问只会招到厌烦,但也不要离开,而是安静地陪伴;理解他们的情感浓度,用情,用行为而不是用语言去安慰,感觉情绪不对时给一个温暖的拥抱,他们对肢体语言比较敏感。

16. 活跃型性格的人在家庭生活中是什么样子的?有哪些不足和要注意的地方?

答:①想法多、干劲大、感染力强。②梦想高大上,但有时不愿意脚踏实地,让人觉得虚空。

我小时候就是个人来疯,人越多越兴奋,喜欢往人群里钻,很喜欢集体活动。不喜欢在家待,放学后不做作业就要跑出去找小朋友玩。会有很多小朋友来玩。

平常生活中,兴趣比较广泛的,爱和朋友喝喝酒吹吹牛,不喜欢呆在家里,经常因为这件事情和老婆吵架,她总认为我是外面有人了。真的没有!就家里那种安静而无聊的环境会让我感到一种憋闷难受。只有在那种人群多或人来人往的场合能让我感到一种舒服和惬意。

我是个心直口快的人,往往说出前一句话就后悔,因为爱说大话,总有人找我帮忙,就像郭冬临的小品《有事你说话》里的场景。我喜欢简单舒服的穿着,但社交时会很注重自己的形象。

我是一个"月光族",工作多年就没有什么存款。刚开始结婚的时候我把我的工资卡给老婆了,但是老婆发现我后来每月找她要的钱比我的工资还多,后来就不要我的工资卡了,我们AA制,而我月月光。这些年真对不起老婆,家里的大事小事基本都是她在努力,我内心很感激,但改不掉:爱吹牛、爱聚会。

上面的例子表明,活跃型的伙伴注重公众形象、讲究名望、希望被大众赞赏,喜欢在人群中找到自己的归属感;喜欢高调、重场面,因碍于面子而做即兴的冲动;最容易过度消费;不喜欢呆在家里。

建议:把过多的人际交往减少,兼一份合适的第二职业,以丰富自己的业余生活,同时也有利于家庭和睦。

和活跃型相处:适当给他们自由,朋友面前给足面子。理解他们把阳光都给了朋友,理解他们的吹牛,越是吹牛越说明他们压力比较大,更应给予自由让其解压。

17. 实干型性格的人在家庭生活中是什么样子的?有哪些不足和要注意的地方?

答:①刻苦、专注、坚持,踏实,能勤俭持家;②购物时注重性价比。

小西在工作中务实肯干,做事能力很强,会思考各种细节和考虑周全，老板交给她的事情都非常放心，也颇得领导的信任。不过，领导对她也有不满意的地方：过于严肃古板，创新力度不够。

作为女性小西很少逛街，如需要买东西，她会提前思考好，然后直奔目的地，找到心仪的商品直接买走。一旦遇到商场打折的日用品，小西又会一次性买很多，有时多得一年都用不完。

小西的老公这样评价她：勤俭持家，工作能力很强。①为了家放弃很多升职机会、舍弃很多爱好；如果我不给她买衣服，看中的衣服一旦价格稍贵在服装店看很久舍不得买，不愿意为自己消费。②老驴脸不爱笑，不喜欢开玩笑，过于严肃，不喜欢和他人交流。除了工作，也不愿意参加聚会。③喜欢买房子：自己生活得很苦，却喜欢买房子。我们家的两套房子都是她攒钱挣钱买的。她总觉得有个房子，生活就会更安全。④不喜欢冒险，我想做事情，但如果稍有风险她就不坚决不让做。穿着也很保守。

所以说，实干型的伙伴往往为了家庭，会牺牲很多自己的需求。花钱消费比较谨慎；不愿意暴露心思，不喜欢对方过分热情，对自己的需要很清晰，锁定目标步步为营，不容易受人情世故的影响。十分关注如何降低自己的生活风险，有时会过分追求安全而会失去机会，但走的很稳。

建议：对自己好点，不要把安全看的过重，学会放松，放下一些不必要的焦虑。

和实干型相处：理解他对家的情感，多呆在家里，一起为家的幸福而努力，当不能在家时，多给对方实用的物质方面的补偿。

18. 问：如何与不同性格的客户沟通？

答：换位思考，站在对方的角度思考，表现出诚意要满足对方的需求。

领袖型客户：

1）要让他们自己做决定。要给他提供各方面的信息，提供至少两个以上的方案供其做决策参考；

2）言行举止体现专业、敬业，表现价值，获得基本信任；

3）尽量帮助他做一些杂事，从而方便走进对方领地；在对方欣赏的基础上，虚心请教获取信任；

4）要表达出崇拜其能力、人格，要示弱，要表示忠诚。

活跃型客户：

1）能够深入了解相关品牌的市场占有率，品牌的实力，未来的发展大计与空间等，以便深入沟通；

2）穿着打扮需要得体，光鲜一些；言谈举止要大气，直爽；

3）告知本公司产品更能够提升客户档次，比如某某知名企业都使用本公司产品；

4）沟通中注意，给足对方面子，把握使其成为 VIP 商户拥有的体面机会，这样更能够激发老板的购买欲，并增加购买量。

情感型客户：

1）要深入了解相关品牌的内涵，设计灵感，产品品质和工艺等，使沟通顺畅；

2）穿着打扮需要得体，有品味；言谈举止要有风度，涵养；

3）关注客户喜欢哪类风格的商品，帮助对方挑选有品味，最能契合对方风格的产品；

4）通过眼神交流，领会对方的心思，学会围绕对方喜欢的风格去促成销售。

实干型客户：

1）见面前的资料准备要充足，了解全部的流程和盈利点等等；

2）沟通中注意将焦点放在如何规避风险、如何盈利最大化、对客户的好处上；

3）对方可能会反复试探你各个方面的底线，沟通需要多些耐心与理性；

4）喜欢使用多方面的方法测试你，达到掌控结果的目的，提前提供规避风险。

19.如何与不同性格的同事沟通？

答：仅做简单分享如下。

领袖型同事：

1）让他们做决定，主持大局，不要在众人面前批评和顶撞他们，你会被他们的强势伤害；

2）赞美他们自强不息，信心过人，接受他们的咆哮风格，他们不是人身攻击；重视他们的意见，欣赏他们的力量及正义感；

3）在他们做出仓促决定时，要及时小声提醒他们三思而后行，提醒他们要听取大家意见；

4）提醒他们大部分人害怕对抗，真相有时并不重要。

活跃型同事：

1）自由的让他们发挥所长，从旁边协助他们完成细微和繁琐的工作环节；

2）让他们出风头，时刻准备在最后关头，协助他完成相关工作；

3）不要在他们面前太执着于工作，要保存幽默和轻松感；

4）容许他们有多种选择，鼓励他们专注的完成一件事情。

情感型同事：

1）让他们发泄自己的情绪，从旁边观察不要干预；

2）告诉他们你了解他们的情绪，接受他们的想法，关注他们的审美眼光，给予细腻的感情；

3）尊重他们的创意和看法，不要把你的意见和忠告强加于他们的身上；

4）若不明白，就坦诚的说出来，不要装着懂的欣赏。

实干型同事：

1）不要向他们提出太多新方案和改变，欣赏他们的智慧和忠诚；

2）开诚布公的和他们沟通，要向他们提出可靠而权威的数据，使他们感到有信心；

3）他们会经常向您提问，要不厌其烦的向他们解释；

4）鼓励相信自己的决定，并有信心迎接未来发生的事情。

20. 问题：如何与不同性格的家人沟通？

答：仅做简单分享如下。

领袖型家人：

1）尊重他；提供正向，正确的建议，决定权交给他。

2）诚实，忠诚；背叛意味着你将成为他的敌；

3）接受他的"咆哮"风格，是因为他自己的愤怒，而不是对你进行人身攻击。

4）提醒：如果他们在发怒，切忌在这个时候同样发火，否则便会火上浇油。

活跃型家人：

1）对他所做的事情认可由衷的赞扬、肯定、激励，让他感受到情感的正向力量。

2）不要当众打压，负面会令他们烦躁；

3）不要让他们"承诺"，因为"兑现承诺"对他们而言是很艰难的事情；

4）不要强迫必须呆在家里，给他自由，自己也要有很多兴趣。

情感型家人：

1）不要强迫他们过多的替他人考虑；

2）当他感到自己被攻击的时候，鼓励他去澄清自己的真实意图；

3）尊重他们的空间，在他们允许的时候才进入，鼓励他们欣赏平凡的美；

4）真实，给予肢体语言的拥抱，给予细腻的感情。

实干型家人：

1）感谢他们善意的提醒；

2）做事情前要提供证据，让他们打消顾虑；

3）更多的时间呆在家里，哪怕什么也不做；

4）他特别不愿意时，不要强迫走亲戚。

21. 问题：对四种性格员工管理方面的建议是什么？

答：书中之前有介绍，这里再简单的重复一下：

领袖型员工：

1）给战略方向；

2）授权；

3）不要啰嗦；

4）言之有理。

活跃型员工：

1）支持工作中的细节；

2）配置实干型人员一起工作；

3）避免公开场合批评；

4）适合社交类的工作。

情感型员工：

1）欣赏其情绪上的变化；

2）注意情感投入和眼神链接；

3）直截了当沟通，避免批评；

4）适合审美方面的事宜。

实干型员工：

1）给予安全感；

2）给明确目标；

3）不要变化太快；

4）不擅长内部社交。

22. 问：四种性格的成长建议是什么？

答：书中之前有介绍，这里再简单的重复一下：

领袖型的成长：

1）保持低调；

2）减少对抗；

3）不要表达过于直接；

4）适时减少强权。

活跃型的成长：

1）关注细节及事情的深度发展；

2）学会脚踏实地，稳定持续；

3）精耕细作，提升专业技能；

4）精细规划，持之以恒的努力。

情感型的成长：

1）关注大家的感受，大局为重；

2）亲近大自然、亲友、社团；

3）不要总是在自己的情感世界里；

4）不要过于含蓄表达。

实干型的成长：

1）扩大社交圈，拓展人际关系；

2）挑战自己的固定思维模式；

3）增强自信，迎接未来新事物；

4）扩大自己的人生格局。

23.问：能分辨出小朋友的性格类型吗？如何正确引导？

答：我认为，从性格形成的角度来说，人的性格80%为天生，20%为后天环境影响形成。所以一个人在4岁以后，就基本可以判断出他的性格类型。但还不能判断他各种性格的百分比占比。到18岁以后性格基本成型，所以不要过于着急给小朋友的性格定论。一般来说，观察小朋友最亲近的大人外出的反应，离开时小朋友有依恋情绪，回来后故意不理睬大人的，有情绪的小朋友情感型居多；如果离开时小朋友一点反应也没，回来时也没太大的反应，那么可以判断属于实干型性格居多；大人离开时小朋友大哭，回来后小朋友很开心，那么可以判断活跃型性格居多；大人离开时小朋友无所谓，回来时依然很开心，这样的小朋友领袖型性格居多。

同时性格的呈现和父母的关系也特别大。比如我母亲的第一性格为情感型，第二性格为领袖型；领袖风格服务情感风格（一般第二性格都是服务于第一性格的），所以她对我的要求极高，导致实干型性格的我呈现出活跃型性格的一些行为。其实我的第一性格类型为实干型，第二性格类型为领袖型，活跃型的行为仅仅是外在呈现，称之为压力性格。再看看我老公，他是活跃型性格，他对女儿的要求极少，这个时候我女儿的天性性格，也就是第一性格类型更容易得到发挥，称之为释放性格。作为家长一定要给予子女足够的爱让其发挥天性性格，同时要给予一定的教育，使其改正一些不良的习惯。如同种树，有的种子是苹果树的种子，有的是石榴树的种子；我们不能奢望苹果树结出石榴，但是我们可以通过浇水、施肥、剪枝让苹果树结出又大又甜的苹果。孩子的性格就如同种子的属性，不要强行改变。

佛法里有"体、相、用"的知识，我们可以引用到性格学中。你的第一性格就是你的本"体"，但你有能力呈现出其他性格类型的"相"，并合理应用其他性格类型的能力。比如我，我曾经呈现出活跃型的"相"，即看上去似活跃型性格。但当我被误判为活跃型时，个人会觉得活跃型的很多缺点和真实的自己不相符，活跃型的很多优点我又很难承担的起；当我找到本"体"性格为实干型时候，优势和劣势部分特征基本都和自己相符，感觉特别舒服。我在工作中体现的实干型、领袖型、活跃型的优势能力部分，大多时候我也都能去合理应用，这就是"用"。我们学习的目的就是找到本"体"性格，并与自己的本"体"性格和平相处，同时能应用其他性格类型的优势行为。

不论孩子什么性格类型，父母都应该对孩子保持足够的尊重和充分的爱。在爱和认可中成长的孩子不论是什么性格，性格的健康层次相对都会比较高。相反，在指责、否定和偏见中成长的孩子，不论是什么性格，性格的健康层次多少都会向不健康的层次倾斜。

如何正确引导孩子的性格向正确的方向发展？

首先，越早发现，越早引导，效果会越好，小孩子的可塑性相对比较高。其次，不同的性格引导的方式是不一样的。

领袖型小朋友：

这类人一般会觉得缺少家庭的保护，所以自己要变的强大，用暴力来保护自己。家长要多鼓励他们学会宽容，适当的时候要在他们面前示弱。但对孩子不合理的要求则必须拒绝，态度一定要坚决，绝不妥协，不过需要注意方法，对事不对人。

活跃型小朋友：

这类人因感觉缺少家庭的团队感和归属感，所以向社会和团体中索取，同时又担心得不到团队的认可而追求高、大、虚、空。有活跃型孩子的家庭可以多组织一些聚会。同时引导他们做事情多关注细节和深入度，一定要多给予他们一些表扬和鼓励，特别是在众人面前。活跃型的孩子更需要父亲的陪伴和鼓励。

情感型小朋友：

这类人对情感特别依赖又渴望自由，一旦情感需求得不到满足，往往会封闭自己的情感之门，变的不合群。所以有情感型孩子的家庭要不吝施爱，要给孩子相对充分的自由空间，同时让他感受到家人足够多的、时时刻刻的爱。要引导孩子学会爱他人、关心他人。当他们做到这些时，不仅要给予口头上的鼓励和表扬，更要给予深情地拥抱并抚摸头部。情感型的孩子一般更需要来自母亲的爱。

实干型小朋友：

这类人需要物质的满足感，对自身的安全需求较高，特别享受家的感觉。所以有实干型孩子的家庭要注意给予其"家"的安全感，以及物质方面相对的满足。要多鼓励孩子参加团体聚会。他们更需要温暖以及柔和的爱。

24. 问：四种性格和行业、犯罪之间的关系？

答：这四种性格和个人的能力、品德是没有任何关系的。包括学习成绩、业绩的好坏都没有特别直接的联系，只是说你更擅长哪一块的工作。比如情感性更擅长于艺术性和创意的工作；实干型更擅长按部就班、内部人际关系不复杂的工作；活跃型更擅长有人群分工或者工作中有不断变化的工种；领袖型则天生擅长给他人分配工作。

性格和犯罪有什么关系呢？如果有的话，仅仅是性格健康度不是很高的情况下会偏于我执，私欲就会增加。有可能失控去犯一些错误，并存在一定的破坏力。每种不健康的型号都会有犯罪的可能。

25. 问：我是实干型的员工，怎么和领袖型的领导相处？

答：一般来说实干型的员工有一个特点，他做事情必须有100%把握的时候才去承诺。当领导布置工作的时候，如果不是80%以上的把握会有很多顾虑，会提出很多问题，虽然内心是笃定要去做的。但是没有十全把握，他就不会承诺。建议实干型性格伙伴如果有60%以上把握的时候就勇于尝试。

领袖型的人说话做事比较直接、快速，脾气比较暴躁着急。如果得不到满意的回复，暴躁脾气就会上来。这个时候你要记住两点：

第一，他是针对这件事情而不是针对人，他只是想让这个事情得到一个全面地更快地推进。第二，在开会的场合，人多的时候，不宜去和领袖型的领导去讲条件或者讲难度，大胆地承担任务就可以了。

领袖型的领导还有一个特点就是喜欢自己做决策。如果和领袖型的领导谈事情，最好带两个方案过去让他选择，让他拍板决定，当然方案也不要太多，太多了他会觉得麻烦。

当领袖型的领导在发脾气的时候，可以等他淋漓尽致地发完脾气再说话。当他静下心来的时候，是很讲道理的，也是愿意改正不足的，但在有脾气的时候往往是不愿听任何解释的。

实干型的员工和领袖型的领导如何相处，有四个建议：第一在接受任务时要胆大一点，不要感觉有100%把握才敢承诺。第二不要在领导有脾气的时候谈论事情。第三给领导提交方案时要准备两个或三个方案让他们决策。第四多表忠心和示弱，表现的顺从些。

26. 问：领袖型的人如何做好管理工作？

答：一般来说领袖型的伙伴天生有适合做领导的潜质，他可以感觉到下属能力的强弱。但是略微不足的地方就是过于着急暴躁，容易发脾气。如果能有情感型的同理心和心的链接能力来克制坏脾气，表现出温和的一面就很好。另外建议找一位活跃型的伙伴做搭档。为什么不是情感型的搭档呢？因为情感型有个特点：开心了就干，不开心他就不干，有时会情绪化。所以有活跃型的搭档做调节，内部管理就相对和谐很多，如同《西游记》里的猪八戒一样活跃，能调节团队气氛。

27. 问：作为一个实干型的基层管理者，自己的创新思维能力扩展较慢，如何去带领下属成长？

答：一般来说实干型的人，还是有很多优点的。比如说特别地靠谱，承诺的事情一般绝对可以做得到。做任何事情都很有恒心、有毅力。大局观和创新力的确不是实干型管理者的强项。针对这一点，在管理上要适当注意。比如说上级单位有新的发展策略的时候，即使有不理解，也一定要说服自己尽快去行动，先执行了再说，也不要过多去计较后果。当然也可以先交给领袖型、活跃型、情感型的人去做。

作为实干型的伙伴也要知道一个规律，任何事情达到顶峰的时候，可能会向相反的方向去发展。我们要及时预见这些并做好准备，提前做好规划，用新的一些模式或者方法来迎接新的挑战。当下属有想法的时候，我们要先听听他的想法，看看他们的一些可行性报告。如果感觉有60%的把握，我们就要支持下属去做。

在支持下属的时候，要做好几个准备。第一个准备就是要做好收拾烂摊子的准备。如果是一位活跃型下属，他的建议很好，也很有大局观，但做事情的深度不够，可能会虎头蛇尾，就要随时安排实干型的下属去把工作继续下去。如果是领袖型的下属，在他们推进工作向前发展的过程中，可能会打破一些平衡，性格又比较强势可能会得罪一些人，要给他们有力的支持。如果是情感型的下属，当他们心情不好的时候，他们就可能会撂挑子，需要我们及时去"哄一哄"，满足其情感需求。

总之，对于实干型的管理者，一定不要强迫自己有100%的把握才去做，60%就可以了，哪怕当时心里有所恐惧，觉得不是特别靠谱。

作为管理者一定要"明盛衰之道"。我们不仅要低头做事更要抬头看天。多看看国家、单位等政策方针、战略方向，及时地调整自己，与时俱进。对于某些特别值得做的事情，我们一定要支持下属去做，并在关键时刻给予合理支持，这样整个团队都会成长很快。

28. 问：特殊情况下（如：2020年新冠病毒疫情）政府要求"居家隔离"，在一切物资充足的状态下"居家隔离"感觉最痛苦的人的性格类型的排序是怎样的？怎么用"居家隔离"判断自己的类型？

答：在排除对外在的恐惧，如，对病毒的恐慌下，仅仅是因为"居家隔离"而感到痛苦的指数顺序为：最痛苦的是活跃型，其次领袖型，再次情感型，最后实干型。

活跃型是最喜欢聚会的一类人，他们善于整合资源，在享受相聚的欢乐时光里，同时解决很多问题。他们是最不善于整天宅在家里的一类人，宅在家里的"闷"对他们来说简直是最大的折磨，他们肯定会刷朋友圈、看电视来打发时间，他们会时不时地找一切借口出去走上一圈，比如买菜什么的。

领袖型为第二痛苦的人群，但他们顾全大局严肃正经。最可能也是"六亲不认"的人，要求同事和亲朋好友必须执行"居家隔离"的要求，甚至强硬执行。虽然他们也会痛苦，但他们会严格遵守规则。他们也会去做些对社会有实质性贡献的事情。

相对而言，情感型则不怎么痛苦，他们本身讨厌世俗，讨厌社交，正好将不好推辞的聚会取消了。他们要么追自己平时没空看的剧，听自己喜欢的歌，看自己喜欢看的书；要么和心爱的人煲电话粥，或者整天腻在一起。当然，处在冷战中的夫妻就比较尴尬了，逃无可逃。

实干型应该是非常享受的，排除某些恐惧因素的影响（如病毒），他们不仅觉得无聊的聚会可以取消了，还可以按照自己的节奏安排事情，一切计划都在自己的掌握之中。他们关心居家隔离期间生活物资是否充足，他们精打细算，仅当物质不足时，才列出清单外出采购。出门的目的很简单，就是去购买生活必须品，来满足家人的需求，特别是孩子的需求。他们并没有太多的居家隔离痛苦。

在自我感受的同时，需要注意的是，不要忘了性格的四象限表述中，性格类型是可以无限地分下去的，在这里我主要讲的是第一性格的表现。如果第一性格是活跃型，第二性格也是活跃型的话是最最痛苦的，如果第一性格是活跃型，第二性格是实干型就会痛苦相对减少。如果大家有兴趣可以去探索一下自己的第二性格。

如果感觉按四象限图来分不太好掌握的话，也可以选择另一个比较简易的方法，即从百分比的维度来分成第一，第二，第三，第四性格，占比最高就是你的第一性格，占比第二就是你的第二性格，依次类推。比如我，第一性格是实干型，第二性格是领袖型，第三性格是活跃型，第四性格才是情感型。所以与他人情感的链接对我来说非常的难，也是我需要修炼的地方。

通过问卷判断和评估性格的得分也可以来协助判断自己的第一、第二、第三、第四性格。得分最多的就是第一性格，最少的就是第四性格。

当人们做第一性格擅长做的事情时，不仅特别顺手而且非常享受；做第四性格擅长做的事情时，不仅是不顺手而且比较痛苦，但当习惯成自然的时候，也会慢慢变得擅长，甚至享受。

29. 问：四种性格中创新力和执行力谁最强？

答：回答这个问题，需要补充介绍一些知识。

佳灵性格分析理论的诞生缘于观察外在事物和内在的体悟。佳灵性格分析理论借鉴中医理论，把人的能量分为心能量、感能量、脉能量和脑能量。

心能量关注内心的世界，感能量是靠对外界的感知获取力量；脉能量可以理解成打通任督二脉一般推动全身气血循环的能量；脑能量就是依赖大脑的思考来获取能量。一般来说四种能量每个人都有，但是每个人潜意识习惯用的能量并不一样。比如情感型性格惯用心能量，所以关注自我的情感比较多，同时也重情重义；活跃型性格惯用感能量，靠感知来获取信息，所以能量来自感知的外在世界，这也是为什么活跃型人喜欢社群，重视人际关系；惯用脉能量的领袖型，就像打通了任督二脉一般，全身气血循环畅通，精神饱满，沉着冷静，能够强力推动事情发展；实干型惯用的模式为脑能量，脑能量就是靠思考来获取信息，有大量的信息支撑，所以比较善于理性地做事。

这里借用阴阳图来示例（图2-11）：

图 2-11 阴阳图示例

阳的部分代表活跃型。阳主生发，舒展通达，所以他们阳光而自信，充满活力，变化较多；阴的部分代表实干型，阴主藏主静，所以他们承载，务实守约。如同天和地。刮风、打雷、下雨……天瞬息万变，创造力强；地默默承载，有条不紊，春生夏长，秋收冬藏，一旦变化要么地震要么海啸。

阴中有阳，阳中有阴的那一点区域代表情感型。他要链接阴中的阳或阳中的阴，注重的是情感的链接。代表情感型性格脾气要么火爆要么郁郁寡欢，对人要么热情似火要么冷淡如冰，让人捉摸不透。

阴阳之间的那条线代表领袖型，他推动阴阳互转，往复循环。他不需要太多情感，就是不断推动事物前行。

现在来回答上面的问题：从0到1的创新能力，是情感型的居多，因为情感型有阴有阳，互换自如能够突破创新；从1到10的创新力，属于活跃型的，阳气生发；从1到10每一步的实现，靠的是实干型思考出来的方法，掷地有声；1到10的全面运行，属于领袖型的全面整合与推动。

30. 问：我们应该学习四种性格领导力优势的哪些呢？

答：前面简单介绍过四种性格的领导力优势，这里再回答一下：

领袖型：基于现实的展望未来，有担当的主见，有前瞻性的感知。我们主要学习领袖型展望愿景的能力，目标坚定和全面推动事情发展的担当力。能做到"通"，发挥天性领导力，知人善任搞定事。

活跃型：关注团队利益，富有创新意识，能激发团队热情。我们主要学习活跃型性格的维护团队利益利益的能力，他们能使团队成员协同合作、优势互补、互惠互利；能够激发团队的激情，使大家融为一体。他们富有一定的创新意识。能做到"达"，发挥人际领导力，有效整合搞定人。

情感型：有适度的同理心，善于心的链接，真诚欣赏别人，有卓越的想象力，富有创意。主要学习情感型性格的的同理心，适度关注他人感受，学会欣赏美和表达感激，富有创新思维。能做到"悟"，发挥情感领导力，管理情感搞定心。

实干型：明确的责任与权利，100%的努力状态，坚守约定。学习实干型性格的务实诚信，思考一些方法和流程,让事情有效落地。做到"明"，发挥理性领导力，战胜自己，蜕变为强者。

一个优秀的领导者，关注团队共同利益的同时需要给员工明确的战略方向和高效执行的流程方法，同时还要有适度的同理心。即：领袖型引领开拓的能力，实干型执着践行的能力，情感型创新破局的能力，活跃型乐观平衡的能力。领导者应掌握四种性格领导力的优势行为并应用自如，把自己性格的绝对优势领导力发挥到极致。

31. 问：如何搞定婚姻生活中伴侣关系？

答：婚姻生活中的伴侣关系和工作场景是差不多的。这里先告诉大家一个解决不愉快事情发生时的处理流程和方法：

一停：先停下来，反省一下自己的本能反应是否合适，避免用自己的思维模式和情绪模式判断他人；

二看：看对方的真正诉求和需要是什么，诊断到位；注意不要看对方的语言内容，而要看对方的核心诉求及真正的需求；

三选：选择对方接受的方式来解决事情，对不同的性格，不同的需求采用不同的方式方法来解决问题。

四行：采取正确的行动来解决问题。

不同性格接受的方式和行为是不一样的：

领袖型：大部分时间让他们自己做主，因为他们是推动者，同时喜欢保护弱者。其次，适当的时候要果断地决策和担当，让他们有种英雄惜英雄的不一样的感觉。

活跃型：尊重他们的生活圈子，爱他们就让他们生活在自己的朋友圈里吧。其次给予言之有物的鼓励，他们会表现很好的，他们的能量来自外在世界。切记每次鼓励或表扬的内容不要过多和重复，要给他们一种新鲜感。

情感型：找到他们情感的诉求点和需求点给予满足。不要被他们的语言内容所迷惑，也许他们说的只是一时气话或者反话，情绪的背后都有一个真实的诉求没有满足。

实干型：对方有疑惑时要及时给予情况说明，让其放心。比如要做某些事情时，告诉他们风险是什么，解决的方案又是什么，让他们清楚地明白；如果一方是活跃型的伴侣，又经常不在家，那么外出的时候一定提前告知对方，并说明原因，这样即便对方不同意，也好过猜疑甚至导致最终吵架。

32. 问：关于单性格、双性格、全性格和缺性格，能说明一下吗？

答：这个是从百分比维度区分自己第一性格、第二性格、第三性格和第四性格时所用的说法。如果从四象限无限的角度分辨性格时并不用这个名称的，四象限无限分相对复杂，这里不过多阐述。

单性格：当你第一性格的占比超过39%时就是单性格，这时你第一性格的优点和缺点都十分凸显，明显表现为单一的性格类型。

双性格：当你第一、第二性格的占比都超过30%的时候就是双性格，这时你受两个性格的影响都很大，你会同时拥有两个性格的优势能力，但是，你也需要同时提升两个性格的劣势部分能力。

全性格：当你第一、第二、第三性格的占比都超过27%的时候就是全性格，全性格的伙伴往往是很好的领导者，拥有三种性格的领导力优势；

缺性格：排序为第四的性格就是你的缺性格。你和身边人发生冲突的原因，往往都和你第四性格中不擅长的部分行为表现相关。

这个占比数值仅供参考。

单性格代表人物：实干型的袁隆平，身价上亿还在兢兢业业的工作；活跃型的蔡澜，工作和爱好就是美食，吃遍世界美食。

双性格代表人物：钟南山，第一性格实干，第二性格领袖，实干型为主性格；李嘉诚也是双性格，第一性格实干，第二性格活跃，实干型为主性格。

全性格代表人物：普京，第一性格情感，第二性格领袖，第三性格实干，情感型为主性格；马云，第一性格活跃，第二性格领袖，第三性格情感，活跃型为主性格。

一般来说，第一性格相同的夫妻并不多，但大部分夫妻的前两个性格类型当中有一个性格会是相同的。比如两人的第二性格相同，或者一个人的第一性格和另一个人的第二性格相同。人们会因为不同而相互吸引，因为相同，所以相爱。

33. 问：如何搞定自己的性格类型及行为模式？

答：一般来说，"爱"可以产生美好的能量，爱自己、爱他人、爱世界。我们可以通过静坐的方式和自己的思想对话，欣赏自己的性格，慢慢学会爱自己；然后去爱自己另一半的性格优势，在扩展到学会爱他人；要学会和大自然接触并热爱它们。当你在放松的状态下来爱世界的时候，你一定会收获绚丽绽放的自己。

那么如何搞定自己的性格类型和行为模式？

首先，通过学习性格学知识，觉察了解自己的性格类型，熟悉自己的性格组成，包括性格的优势部分和劣势部分。

其次，学会接纳自己的性格，包括优势部分和劣势部分。可以采用静坐模式觉察自己，并和自己的性格和平共处。

再次，欣赏自己的性格。做到爱自己，支持自己的内心所想，对自己固有的不良思维模式喊停，尝试用新的行为模式代替旧的行为模式，不需要改变性格，仅仅是改变行为。

最后，当您通过改变心境从而改变了处境，或者你提升了自己格局而不是仅仅关注自己的时候，就给自己一个庆祝吧。

另一方面，我们要坚信每个人都有善良的一面，鼓励自己信任他人；每个人都拥有成功快乐的资本，要尊重他人。

搞定自己，还需要我们了解自己的性格后，学习其他型性格的优势能力部分，通过实践坚持改变，将优势能力行为培养成为下意识的行为。电影《夺冠》里有一句话：当你的判断成为下意识的时候，你在赛场上才能出现在正确的位置上。下意识是怎么来的？训练来的，不是一般的训练，而是千百万次，上亿次的重复训练。

我们只要能够觉察到我们性格的固有行为模式，并有能力对固有行为模式喊停就很好了。比如：我老公是活跃型性格，特别喜欢他们的"圈子"，很少照顾家庭。没学习性格学知识前，实干型、特别顾家的我就很是生气，经常跟他争吵。学习后，当他准备外出而我异常生气的时候，立刻对自己喊停，放他外出。当他的需求，也就是"圈子"需求满足时，自然就会满足家庭的需求。现在我们家幸福指数直线上升，相信，你通过学习、觉察和改变也能幸福绽放，遇见最美好的自己。

34. 问：第一、第二、第三性格之间有什么关系？

答：第一第二性格之间主要为叠加补偿的关系。以领袖型为例就，如果第一性格为领袖型，第二性格为活跃型，叠加补偿后领袖型和活跃型的优势行为都会加强，也就是格局更大魄力更强；如果第二性格为实干型，叠加补偿后会减弱格局，关注细节和流程的能力会加强；如果第二性格为情感型补偿后不仅具有领袖型的优势领导力，还具有一定的同理心，更能关注他人的情感。特别是具有双性格型号，叠加补偿更为明显。其他型号同理。

35、四种性格的情绪习惯特征和核心需求是什么？

情绪习惯特征：

领袖型：愤怒。善于全面推动事情，当事情不能很好推进时愤怒；

活跃型：喜乐。善于调节团队氛围，所以天性阳光；

情感型：悲伤。重视情感，习惯沉浸在自己的情绪中；

实干型：恐惧。担心自己未来的生存不可控，故恐惧。

核心需求：

领袖型：脉能量，我的地盘我作主。

活跃型：感能量，在我关注的团体中，有我合适的位置就好；

情感型：心能量，我的感觉好了，一切都好；

实干型：脑能量，我关注的事情好，一切都好。

36、有没有自我成长相关建议？

答：这里的前提是自己渴望成长。诚实面对自己的劣势，虽然残酷，但可以帮助自己成长。

首先，善待自己的性格，接纳而非征服，并学会欣赏自己的性格。比如情感型，接纳自己的情感，而不是战胜自己的情绪。接纳才能更好的共处。通过学习性格学，看到自己的性格优势和不足，持续不断自我修炼，不断拓展自己的舒适区。可对照如下步骤：

一停：勇于对自己的固有行为模式喊停。

二看：看看能不能用新的行为模式代替旧的行为模式。

三变：提升自己的格局而不是故步自封，学会改变心境。

四庆：对自己的成功改变给予庆祝。

没学习性格学的时候是无意识的无能力，不知道自己性格的优劣势，也没有能力去提升自己；对性格有一定了解后属于有意识的无能力，知道了自己性格的不足，但无能力改变自己的行为；当我们对性格了如指掌时就可以达到有意识的有能力，有意识地对固有行为模式喊停并选择正确的行为方式；成百上千次地练习就可以做到无意识的有能力。如同开车,没学开车的时候,不想开车也没能力开车;刚去驾校学开车时,非常想开车但没有能力;刚拿到驾照买完车的时候,有能力开车但是高度紧张,属于有意识的能力控制;开了一定的时间之后就不再要紧张,下意识就能开好车,达到了无意识的有能力。

有个小短文,跟大家分析一下。他们分别体现了什么性格类型?

人生五章

1. 我走在路上。人行道上有一个深洞,我不小心掉了进去,我迷失了……我绝望了。但这不是我的错。费了好大的劲,我才爬出来。

2. 我走在这条路上。人行道上有一个深洞,我视而不见,还是掉了进去。我不相信我居然会在同一个地方失足。但这还不是我的错。这一次,我花了很长的时间才爬出来。

3. 我走在这条路上,人行道上有一个深洞,我看到它在那儿,我不相信但还是掉了进去。这是一种惯性。我的眼睛睁着,我知道自己在那儿。这是我的错。我立刻爬了出来。

4. 我走在这条路上,人行道上有一个深洞,我绕道而行。

5. 我换了另一条路走。

第九节 学习四型人格的意义

学习四型人格的意义就是让大家做到：人和自己，自知之明，自胜者强；人和他人，理解包容，合作共赢；管理上，求同存异，人尽其才，如下图2-12。

图 2-12　性格学的意义

佳灵性格分析理论通过对人们社会行为和外在特点的观察研究，揭示了四种不同性格的思维模式规律，我们顺从性格的思维模式做事就能做到"功到自然成"。《道德经》第二十五章："人法地，地法天，天法道，道法自然。" 人取法地，地取法天，天取法"道"，而道就是自然规律。遵循自然规律法则，按自然规律办事就能做到心想事成。

清朝著名的红顶商人胡雪岩是徽州人。有一位徽州老农，投入不少钱兴建了一大片水田，然后又种下了水稻，满心期待着收获季节的到来。然而，时运不济，那一年正好碰上了水灾，因为稻田的排水系统不畅，导致水稻歉收，老农损失惨重。当时，正好胡雪岩回老家探亲，这位老农便专程登门请教这位大商人。胡雪岩向来重视亲族和乡亲关系，略作思考便诚心地劝告他说："再种三年水稻，你可有发财之机。"

老农对胡雪岩的话没有任何质疑，予以了采纳。第一年种上了水稻，结果又是水灾歉收。第二年的结果也是一样，有人劝他毁掉水田，改种旱地农作物。可老农牢记着胡雪岩的话，并没有因此动摇决心。

第三年，当地碰上了大旱灾，那些旱地农作物颗粒无收，而那位老农种的水稻终于等到了大丰收。接下来的两年，当地又是大旱，那位老农种的水稻连续三年都获得了大丰收，所产的稻谷大卖，所得利润远远超过了三年水灾歉收的损失。

胡雪岩是神人吗？答案其实很简单，他是根据气候的变化规律来为那位老农指明了一个发财机会。胡雪岩很崇拜商圣范蠡。范蠡说："岁在金，穰；水，毁；火，旱"。又说"六岁穰，六岁旱，十二岁一大饥"。意思是说，金年丰收，水年歉收，火年大旱。水灾、旱灾、丰收、歉收这些都是循环的。正是根据范蠡的"水旱轮转"原理，胡雪岩准确预测出水灾虽然导致老农有损失，但同时也代表着有大的机遇，遵循规律就能达到心想事成的目的。

　　管理者如果能遵循规律，顺从他人的性格模式做事就能做到扬长避短，就能在"知人者智，自知者明；胜人者有力，自胜者强"中做到求同存异，人人成才。

　　孔子有"三千弟子，七十二贤人。"为什么孔子能培养七十二贤人？因为他对学生的性格非常了解。孔子有天外出，天要下雨，可是他没有雨伞，有人建议说："子夏有，跟子夏借"。孔子一听就说："不可以，子夏这个人比较吝啬，我借的话，他不给我，别人会觉得他不尊重师长；给我，他肯定要心疼。"

　　管理和培养下属，就要知道下属的长处和短处，不要明知员工性格上的某种不足，却偏偏用这个不足来考查员工，这是对员工的极大不公平，这样也不可能做到人尽其才、物尽其用的。同时我们针对不同性格的员工，管理方面的建议也是大相径庭的。

　　有一次，子路问孔子："听到了一件事，马上就去做行吗？"孔子回答说："那可不行，你的父兄都在啊，应该先请示他们之后，再去决定做不做。"又有一次，冉有也问了同样的问题，孔子却说："马上就要去做，否则就耽搁时机了。"恰巧，他们俩人问问题的时候，公西华都在场，他听到了如此矛盾的回答，感到非常困惑，就问孔子是怎么回事。孔子说："冉有做事情喜欢退缩，考虑个没完，所以我让他立即去做，是督促他。子路呢，雷厉风行，说一不二，做事经常欠考虑，所以我在后面拉一拉他。"孔子深知冉有做事瞻前顾后犹豫不决，所以就鼓励他不用再三思考，立即去做。子路做事情很少权衡利弊而雷厉风行，所以孔子建议要经过深思熟虑，然后再付之行动。

培养优秀的员工就要遵从性格规律，对不同的员工管理的方式是不一样的。好的管理应该是尊重员工性格，规避员工的短板和不足，善用员工的长处，不要试图改变对方的性格。性格本身没有好坏之分，四种性格都能在自己的岗位上做的很出色，也都能做到管理者的岗位，从企业接班人来说领袖型的人可能更适合一些。如果你不是领袖型性格的伙伴也没关系，可以找互补型的人来搭档。比如马云是活跃型的人，陆兆禧是实干型的人，两人互补，所以阿里巴巴就很好。至于后来为何马云又放弃了重用陆兆禧，是因为当陆兆禧独挡全局的时候，他既不能兼具马云所具备的长处，也无法将自己发展为具有领袖型人格能力或具有活跃型长处能力的人，刚好有更成熟全面的张勇出现可把控全局，马云自然及时调整管理决策，把权杖交给更合适这个岗位的人选。

作为管理者要遵守这一规则，要了解下属的性格，对人员进行工作性质、工作内容的分工。在复杂的工作上，进行人员协同作战，就能做到按自然规律办事，就会有好的结果。最好的管理者不仅能做到知人善用，还能短中求长。清朝红顶商人胡雪岩对陈世龙的精心扶植与栽培就是做到了短中求长。

陈世龙外号"小和尚"，原是一个整日混迹于赌场街头，吃喝玩赌无一不精的"小混混"。这样的人在别人眼里是一文不值的，但胡雪岩却发现他很机灵。有一次胡雪岩去找郁四的时候，是陈世龙带的路，一路上胡雪岩都在与他交谈，他发现陈世龙身上有许多可取之处：他与人接触不露怯，很有大家风范，对胡雪岩提出的问题，对答如流，合适得体。

找到了郁四之后，胡雪岩又从郁四那里了解到：陈世龙太精，而且又有吃喝嫖赌的毛病，不过他从不吃里爬外。至于说陈世龙"太精"，正好是胡雪岩欣赏的地方。

胡雪岩正式决定把陈世龙收到自己身边之前，与他进行了一次谈话，希望他能戒赌，陈世龙也承诺一定戒赌。在快要分手时胡雪岩送了一张五十两的银票给陈世龙要他拿着去随便花。胡雪岩很清楚好赌的人只要身上有钱手上就会发痒，他打算试试这位小伙子是否能心口如一。当晚，陈世龙尽管还是忍不住到赌场转了转，但最终还是拒绝了别人的蛊惑没有去赌，胡岩对他的表现很是满意。

胡雪岩看上了陈世龙重诺言、灵活却又不失本分的长处，而善吃喝玩乐，正好可以去处理人际关系，认为陈世龙是一个可造之材，能成为自己跑江湖、跑官场的得力助手，甚至是左膀右臂。于是胡雪岩把他收在自己的身边，每次跑江湖、跑官场都带上他。果然每次陈世龙都能为胡雪岩提供一些合宜的建议与门路，让他每次办事都能事半功倍。陈世龙最终也成为了胡雪岩的得力心腹。

九型人格苏菲教认为"人生而不同"。"道"创造了不同性格的人,每个人都有不同的使命,不同性格的人擅长做不同的事物。作为管理者,有必要自知自胜的同时知己知彼,做到人尽其才、求同存异。协助下属让其自知之明的同时,以助其成长之心行"道家管理六步法"(下一章节内容),这样才是"强将手下无弱兵"。

反过来作为员工,正确地认识自己,就不会自以为是满腹牢骚。能清晰正确地定位人生,才会有美好的人生,做到自知之明、自胜者强。大家都听过战国时期《纸上谈兵》的故事。

战国时期,赵国大将赵奢曾以少胜多,大败入侵的秦军,被赵惠文王提拔为上卿。他有一个儿子叫赵括,从小熟读兵书爱谈论军事,别人往往说不过他。因此很骄傲,自以为天下无敌。然而赵奢却很替他担忧,认为他不过是纸上谈兵,并且说:"将来赵国不用他为将罢、如果用他为将,他一定会使赵军遭受失败。"

果然,公元前259年,秦军又来犯,赵军在长平(今山西高平县附近)坚持抗敌。那时赵奢已经去世。廉颇负责指挥全军,他年纪虽高,打仗仍然很有办法,使得秦军无法取胜。秦国知道拖下去于己不利,就施行了反间计,派人到赵国散布"秦军最害怕赵奢的儿子赵括将军"的话。

赵王上当受骗,派赵括替代了廉颇。赵括自认为很会打仗,死搬兵书上的条文,到长平后完全改变了廉颇的作战方案,结果四十多万赵军尽被歼灭,他自己也被秦军箭射身亡。

赵括失败的启示：一、赵括自己不能正确地认识自己。虽善于谈论一些用兵打仗的理论知识，却没有实际带兵打仗的经验，不去实战学习而是很骄傲，应该是实干不足，活跃有余。二、赵王不能正确认知下属，不能坚定正确的决策。三、秦国能做到知己知彼，并利用了赵王对事物认知的不足和做事不够果决的性格特征。

了解了自己的性格，就能知道自己适合做什么事，不适合做什么事。就能对自己的人生有清晰的自我定位。就要发挥自己的优势、规避自己的不足，就要在实践中提升自己的综合能力。

《论语·子张篇》"仕而优则学，学而优则仕"。管理者接班人选建议是：在"技而优则管"的基础上稍微偏向领袖型的人作为管理接班人。为什么"技而优则管"，我近二十年的职业观察：业务能力强、又有大局观的人，走上管理岗位大多成绩斐然，往往能带好团队打胜仗、打恶战。《素书》中说，"任材使能，所以济物"，意思就是高明的领导任用有才能的人，使用他们的长处，量才而用，有助于事成。在品德高尚的人当中，选择优秀的人才太难，要任用能胜任本职工作的人，懂得发挥人才的特点和专长，这样更容易作出业绩。在做权力分配时，要使权力之间相互制约，以免因权力过度集中产生独裁或者腐败。所以不是说品德高尚，工作有思路，能力就无所谓了。任何事情都是相通的，优秀的人在各个方面都能做到卓越，思维决定命运。

第三章 道家思想在管理中的应用

中国古代哲学思想源远流长，光辉灿烂，给予了我们用之不竭的管理思想宝库。随着西方管理思想的渗入，中国古代哲学思想的价值和作用愈加凸显。中国古代哲学思想儒、道、法三家的管理智慧十分丰富，从中可以挖掘出许多古为今用的管理学思想，十分有益于探索研究中西结合的现代管理方式。

随着改革开放的进一步深入，各种西方的管理思维被中国的企业家们纷纷拿来，应用到自己的管理实践中，最初的科学管理取得了很大的成效，为什么到了后期也出现了形形色色的问题，制约了企业的发展？很多有识之士认为既然企业的主体是"人"，那么，如何管理人？尤其是"中国人"？我们是不是可以将中华民族的文化应用到管理实践中去？

博大精深的道家思想是一部充满智慧的宝典，道家非常注重对管理规律的认识和把握，提出"道法自然"，即管理必须遵循客观规律,一切要顺应自然才能取得良好的管理效果。在管理方式上,道家认为最高境界是"无为而治",表面看来,管理者似乎什么也没有做、什么也不必做,但管理上却井井有条。管理者行使管理职责时,不应勉强妄行,不可越权行事,而须因势利导,营造一个放权的宽松氛围。

本章中,我们探讨一下道家管理六步法以及道家对管理者的要求。

第一节 道家管理"六步法"

管理者对员工的辅导和员工的成长呈正比关系。前面我们说过领导带教和辅导能使员工的综合能力得到提高,甚至提升自己基础性格中的不足能力。那么我们用什么样的方式去培养并管理我们的员工呢?

我个人从道家思想上学到了很多智慧管理方式。从《道德经》中我们总结了管理的六个方法和步骤。称之为道家管理"六步法"。

一、引导探索,行不言之教;二、观察指挥,犹张弓欤;三、分析区分,图难于易;四、监督控制,治于未乱;五、真诚提醒,慎终如始;六、肯定祝贺,功成而不有;最后再回到引导探索,行不言之教。如图3-1。

图3-1 "六步法"示意图

下面分别阐述。

一、引导探索，行不言之教

中国人都很聪明的，不需要你说得太明白。太明白了情感就伤害了。我上中学的时候有一次统考，考得非常好。老师让大家向我学习。我当时特别老实就实话实说了我的学习经验："我上课认真听讲，努力做好笔记，下课认真复习。"

后来很多同学就说："好笑，装什么正经，谁不知道这些啊，还用你说？！"

再一次，我就学聪明了。我说："哪里，哪里，我比你们走运而已。"结果大家都说了："你太谦虚了，是我没你学习认真啊。"

后来我工作了，忘记痛了，依然"明言直说"。我有一个亲戚找到我说:"听说,你是经理了,能不能给你侄子在你们单位找个工作?"

我又很老实地问:"他学的什么专业啊?"

"就是学的园林规划。"

"本科还是专科?"

"专科。"

"我们单位只要学医的,而且都是本科啊。"

亲戚当场翻脸:"专科怎么了?!不是学医的怎么了?!"结果不欢而散。当时我内心里真的是想帮助他们的,只是觉得需要把实际情况说明白而已,没想到就触动了他们内心的敏感地带。

正好当时偶尔听了几集台湾智慧大学校长曾仕强教授讲《易经》,他说:中国是不明言的民族。什么东西不要说的太明白。中国人是很有主见的民族,不要替他人做决定。这个观点对我影响特别大。

所以后来我就改了,再有亲戚朋友让我帮忙找工作的时候,我一定会说:"好的,好的,我一定尽力。"而后随缘尽分地帮助。也就是顺其自然地顺道帮助,至于结果如何,只能凭他们自己的能力了。

《道德经》第二章:"是以圣人处无为之事,行不言之教"。"处无为之事"是一种做事方式,并不是不去做事。是在不妄为,尊重客观规律的基础上无所不为。

"不言之教":"言"即判断立言。具体表现为对事物做出评判、对事物特性的断言、对事物演变前景做出预测等。"不言之教"就是，圣人不会也不应当随便批评指责和干涉他人，"圣"人的繁体字"聖"，就是首先要静静地用"耳"倾听。用现代管理的说法就是用心倾听，引导对方自己发现做事的方法或发现自己的不足。在不明说自己观点的基础上引导员工探索正确方法。人人都有自立的意愿，不愿被他人强迫。试想：如果方法是员工自己想的，自身的问题是自己找到的，那么执行起来又是什么样子的呢？

我在协调市场部全面工作的时候，市场部的小伙伴常常和我抱怨：市场部应该是神经中枢，业务部应该是运动系统。但事实上业务部根本不听我们的建议啊。

我就教了一个方法和一个建议给市场部的小伙伴们。方法就是：把自己想做的事，想办法通过沟通引导的方式，变成是业务部人员自己想出的办法，而后全力支持。建议就是：成全他人成就自己，放低自己的成就感。事实证明这个方法很管用。郑州子公司在我们老总的领导下，很长一段时间，所有新上市的重点项目，在KM集团30多家子公司中都销量第一。

还有一个故事说，有一个作家需要安静写作，但是每到下午四点左右，就会有一群放学的孩子们在他门前吵闹，说了很多次也没有很好的办法解决。有一天他想出一个办法。他打开门，装作很高兴的样子对这群小朋友说："你们真是太好了，你们在我门前玩耍，让我变得很开心，所以我决定给您们一些奖励。"于是他给了这些孩子们每人一些糖果。第二天的时候，他又这么说，又给了这群孩子好多糖果。四五天之后，孩子们都很期待他的糖果时，他推开门。孩子们争先恐后地问："我们的糖果呢"？他说："我现在很开心，不过我没有糖果了，你要是继续玩耍的话，我也没有糖果给你们。"孩子们很失望地走了。但从那以后他家门前就安静了，因为孩子们很生气地互相转告说：他既然没有糖果了，我们何必为了让他开心在他门前玩耍呢？

当外在力量让孩子们不吵闹时，孩子们很难听进去。想办法转变为孩子们自己的意愿时，就很容易做到"无声"。同时，作家的目标很明确：就是不受打扰。目标如同船在大海上行驶，一旦失去方向，就可能永远到达不了彼岸，所以，目标清晰是"不言之教"的前提。

【总结】"行不言之教"：一、明确目标任务的情况下，不要直接告诉员工具体做法。二、管理者以鼓励的形式重点引导员工自我发现，由员工提出问题、观点、解决方案，让行为变成内在动力。三、管理者引导员工挖掘更多的方案，在最优秀的方案上给予肯定和支持。就这么简单！

二、观察指挥，犹张弓欤

刚才我们说了要"行不言之教"，那是不是让员工自生自灭呢？非也。行不言之教的目的是让员工主动挖掘，主动评估优劣。

在执行的时候我们还是要设立主要观测点，在员工迷茫或需要帮助的时候给予指挥，指出清晰的目标和不足之处。

《道德经》第七十七章："天之道，其犹张弓欤。高者抑之，下者举之；有余者损之，不足者补之。天之道，损有余而补不足。"大自然的运行规律，不就像拉开的弓弦一样吗？目标高了就把它压低，目标低了就把它抬高；弓箭拉得过满就把弓弦放松一些，弓弦没有拉到位就要补足到位。自然界的规律，是减损多余的并补益不足的。作为管理者，在观察下属的时候也要遵守这一自然规律。在员工"当局者迷"的时候，主动及时沟通，协助下属让其更全面、更系统地看待问题；在员工看不清方向的时候给予方向引领。这正是领导者应该做的事情。

印度电影《摔跤吧！爸爸》中吉塔在父亲魔鬼式的培养下成为全国冠军，她要求去国家体育学院学习，经过院校一段时间的专业训练后，吉塔遇到了瓶颈，在接下来的几次比赛中屡次战败，她很困惑，无法自我突破，没法战胜对手，甚至怀疑自己的摔跤能力。

面对这种情况，吉塔爸爸想尽办法弄来女儿的比赛录像，进不了女儿的学校就在录像厅里包场研究女儿摔跤比赛录像，通过看录像他就知道女儿的问题所在，然后电话指导。

在接下来的比赛中，吉塔都是按照爸爸的指导方式行事："进攻""稳定""夺冠"……

在决赛时刻，吉塔凭借爸爸曾经说过的一个技巧，以一个匪夷所思的动作赢得5分，扭转乾坤赢得了比赛。

吉塔之所以能够赢得冠军，就是因为他爸爸从旁观者的角度分析吉塔的摔跤技巧"高者抑之，下者举之"。好的管理者就是，帮助员工从"只缘身在此山中"走出来，给予清晰的方向。

相反，吉塔曾经在国家体育学院失败的原因是，教练的方向不对，没有对症下药，导致在后续的一系列比赛中连连失败。在接受父亲更具针对性、更加有效的训练方法和比赛方法指导后，吉塔又开始了连胜之路，这也说明了掌握清晰的方向、有效的方法是胜利中必不可缺的要素。

从影片中还可以看出：领导者的鼓励和肯定也非常重要。

教练说：

不要输得太难看！

至少要拿块奖牌！

你已经领先了，注意防守。

有些人，注定不是打国际比赛的料。

你至少可以有一块银牌了。

结果：失败。

爸爸说：

你不会输！

你注定是冠军！

忘掉领先,保持进攻!

你输掉的,是本该你赢的比赛!

赢下金牌,你将成为印度的榜样,永载史册!

结果:成功。

方向性的问题如同古代攻城搭梯子。只有把梯子搭在对方的城楼上,士兵才有可能攻进城内,如果搭建到自己的城楼上就是糟糕透顶。

【总结】"犹张弓欤":一、战略方向一定清晰,在员工不清晰的目的、目标方面,给予清晰的目标和方向;二、在新员工带教上、重大工作进度上,设置观测点,进行观察;三、通过不言之教的沟通方式及时发现问题,及时纠偏;四、在员工怀疑自己能力时及时给予鼓励和肯定。

那么,如果,管理者也不清晰方向,怎么办?这时我们就需要进行分析区分,图难于其易。

三、分析区分,图难于其易:

《道德经》第六十三章:"图难于其易,为大于其细;天下难事,必作于易,天下大事,必作于细。"含义:要想克服困难,从容易处开始解决;要想实现远大的目的,应当从细小处做起,做事要关注细节;天下的难事一定从简易开始;天下的大事一定从细微开始。现实当中我们都知道这些道理,但往往还会有些工作,到一定阶段会出现困难而无法正常进展。因为做任何事情资源都会是相对不足的;如果有足够的资源,每个人就会失去创造价值的欲望。

这个时候管理者就要和员工一起头脑风暴采用"民主集中制"的方式进行分析、区分、理顺。看看在目前拥有的资源和已具备的能力情况下，我们能做的第一步是什么。只要用心分析，一般情况下都可以找到一个可以行动的点，一旦有行动，困难就可以得到突破。

民主集中制：把大家召集在一起，把目标、目的说清楚，事情背景情况详细介绍，目前的困难提出来，大家一起"七嘴八舌"分析问题，区分问题的属性。一般的困难都可以解决。

记得有一次，我们有一个特别好的新项目上量，但遇到了瓶颈。负责这个项目的市场专员告诉我，竞争太激烈。我们没有足够的资源，而对方有政府支持，没法做了。

我问："如果有足够的资源，按现在的做法就能做好吗？"

她说："不知道。"

我又问："你觉得对方的不足在哪？"

"因产品性能问题，检验结果可能没我们准确；而且服务上没我们好。"

"你觉得，客户更在乎的是什么？以我们现在的资源和你目前的能力，我们能不能做些什么事情？"

"要么开个精品会？"

"可以一试。"

那个时候正好出现医患关系紧张。这位市场专员找了专家从安全角度说明了检验质量的重要性。同时,她又请了一位武警教练,给大家上了一节"防狼技术"课,教大家在遇到暴力时采取什么手段自救。

结果甚好!

如果遇到比较困难的事情时,我们一定要把复杂的事情往简单化的方向去思考,在分析中逐渐理顺思路,甚至另辟蹊径。

案例一:复杂的事情简单化——迪士尼乐园的路径设计

1971年,在英国伦敦召开的国际园林艺术研讨会上,获得世界最佳设计奖的是迪士尼乐园的路径设计。可是你知道吗?迪斯尼乐园的路径并不是建筑大师们的手笔,它完全是靠游人自己设计的。

其过程大概是这样的:迪士尼乐园的设计者——世界著名的建筑大师格罗培斯先生在法国参加完一个庆典活动后决定趁此机会带着家人去地中海消夏。当时,格罗培斯的心情有些郁闷,因为由他设计的迪士尼乐园就要面向游人开放了,但是各景点之间的路径却还没有具体的规划方案。格罗培斯从事了40多年的建筑研究,也攻克过许多建筑方面的难关,但建筑学中的路径设计问题一直困扰着他。

一路上,格罗培斯望着窗外,欣赏着两旁不断闪过的诱人的葡萄园。他看到大多数园主们都把葡萄摘下来,摆在路的两边向过往车辆和行人兜售。但是生意却并不好,因为很少有人停车购买。然而当汽车拐过一座小山时,他发现那儿居然停满了车辆。这时,女儿也闹着要下车采摘葡萄,于是他让司机把车停了下来。看到大家都在葡萄园里忙碌,却找不到园主,难道这是一个无主葡萄园?格罗培斯绕了一圈才看到一个可以投币的箱子,箱子上贴着告示:园主是一位行动不便的老太太,因年迈无法照料葡萄园,如果你喜欢只要往箱子里投入五个法郎就可以摘一篮子葡萄,在不浪费的前提下,尽管吃饱。

更令人不可思议的是,格罗培斯听说那个绵延100多公里的葡萄产区,这个老人的葡萄总是最先卖完,而且她卖的价格也不算低。这时,原先有些郁闷的格罗培斯一下子豁然开朗。因为他已经找到了设计的灵感,那就是给人自由。

从海滨度假回来后,格罗培斯马上给迪士尼乐园的施工单位拍了份电报:"撒上草籽,提前开放。"

施工单位按照要求在乐园里的各景区之间撒遍了草籽。不久,除了被游客踩过的地方外,地上长出了绿油油的小草。再看看那些被踩过的地方,曲折蜿蜒,宽窄适度,自然而优雅。

第二年,格罗培斯让施工单位按照这些踩出来的痕迹铺设了人行道。而那个获得最佳设计奖的方案,就是格罗培斯按此人行道事后绘制的。

格罗培斯的成功,揭示了一个非常质朴而重要的道理:将复杂的事情简单化处理,往往能产生令人意想不到的结果。

案例二：注意细节，另辟蹊径——柯特大饭店电梯改建

柯特大饭店是美国加州圣地亚哥市的一家老牌饭店。它们是全世界第一家在屋子外面装上电梯的先行者。

当时的情况是：由于原先配套设计的电梯过于狭小老旧，已无法适应越来越多的客流。于是，饭店老板准备改建一个新式的电梯。他重金请来全国一流的建筑师和工程师，请他们一起商讨如何进行改建。

建筑师和工程师的经验都很丰富，他们讨论的结论是：饭店必须重新更换一台大电梯。为了安装好新电梯，饭店必须停止营业半年时间。

"除了停止营业半年就没有别的办法了吗？"老板的眉头皱得很紧，"要知道，这样会造成很大的经济损失……"

"必须得这样，不可能有别的方案。"建筑师和工程师们坚持说。

就在这时候，饭店里的清洁工刚好在附近拖地，听到了他们的谈话，他马上直起腰，停止了工作。他望着忧心忡忡、神色忧郁的老板和那两位一脸自信的专家，突然开口说："如果换了我，你们知道我会怎么来装这个电梯吗？"

工程师看了胸有成竹的清洁工，不解地问："你会怎么做？"

"我会直接在屋子外面装上电梯。"

"多么好的方法啊！"老板惊呼道。工程师和建筑师听了，顿时诧异得说不出话来。

柯特大饭店电梯改建的成功是因为他们听了清洁工一句话。

在我们员工落实工作任务的过程中，可能遇到难以解决的问题，而我们管理者就要引导大家寻找解决办法。解决办法的原则就是：把复杂的事情简单化，重大的事情更要重视细节；"图难于其易，为大于其细"。

【总结】"图难于其易"：一、做事情开始非常重要，要从容易的地方开始，把握要点和时机，找到关键方法，就很容易成功；二、如果员工遇到了问题，我们要一起分析问题、区分问题的属性、找到解决办法；对于更大的问题，可以集中部门人员力量，群力群策；三、如果还是不能得到解决，我们要跳出固定思维，复杂的事情简单化；顾全大局，不忽略各种细节甚至不相关的事。

四、监督控制，治之于未乱

《道德经》第六十四章："其安易持，其未兆易谋；其脆易泮，其微易散。为之于未有，治之于未乱。"就是说：局面安定时容易保持和维护，事物没有出现变化迹象时容易图谋；事物脆弱时容易消解；事物细微时容易散失；做事情要在它尚未发生以前就处理妥当；治理国政，要在祸乱没有产生以前就早做准备。

我们要针对不同的员工，不同的工作事宜，提前进行布局，设置观测点进行预防。

所采用的方式就是用"不言之教"的方法定期沟通。在沟通中主动发现员工的性格，知道他的性格特点，及时发现需要帮助的地方或者做法有失误的地方，做到："为之于未有，治之于未乱。"

四川有一种"鬼竹"，这种竹子在刚种下的前4年时间里，仅仅长了3厘米，从第五年开始，以每天30厘米的速度疯狂地生长，仅仅用了六周的时间就长到了15米。其实，在前四年里，竹子已经将根在土壤里延伸了数百平米。如果我们发现员工有不足或事物发展方向有不对的时候，需要及时制止，如果不及时制止如鬼竹一样发展迅猛，后果不堪设想。

有这样一个故事：古代有个小孩在学校里拿了同学的写字石板，拿回家给母亲看，母亲不但没批评反而还夸他能干。第二次他拿回家一件大衣交给母亲，母亲也没有批评他。随着时间的流逝，小孩长成小伙子了，偷更多、更贵的东西。有一次偷东西被发现，为了逃跑他杀了人，后来他被捉住，双手反绑，押往刽子手那里准备执行死刑。他母亲跟在后面，捶胸痛哭。这时，小偷说，他想和母亲贴耳说一句话。他母亲马上走了上去，儿子一下猛地用力咬住她耳朵，并撕了下来。母亲骂他不孝，犯杀头之罪还不够，还要使母亲致残。儿子说道：我初次拿石板交给你时，如果你能打我一顿，今天我何至于落到这种可悲的结局，被处死呢？

真正想培养下属就要对下属的未来负责，无论是能力培养还是品德教育，我们都要从细微处观察，在员工需要的时候给予全力帮助。他们有所成就时，会发自内心地尊敬你、爱戴你。

石家庄三鹿集团股份有限公司，简称三鹿，是集奶牛饲养、乳品加工、科研开发为一体的大型企业集团，早期发展良好，曾获得国家科学技术进步奖。三鹿集团前身是1956年2月16日成立的"幸福乳业生产合作社"，经过几代人半个世纪的奋斗，在行业内创造了多项奇迹和"五个率先"：

1983年，率先研制、生产母乳化奶粉（婴儿配方奶粉）；

1986年，率先创造并推广"奶牛下乡、牛奶进城"城乡联合模式；

1993年，率先实施品牌运营及集团化战略运作；

1995年，率先在中央电视台一频道黄金时段播放广告；

1996年，率先在行业内导入CI系统。

2005年8月，"三鹿"品牌被世界品牌实验室评为中国500个最具价值品牌之一，2007年被商务部评为最具市场竞争力品牌。"三鹿"商标被认定为"中国驰名商标"；产品畅销全国31个省、市、自治区。2006年位居国际知名杂志《福布斯》评选的"中国顶尖企业百强"乳品行业第一位。经中国品牌资产评价中心评定，三鹿品牌价值达149.07亿元。

然而，却因在奶粉原料中掺加三聚氰胺，导致婴儿食用后患肾结石病，爆发全国性食品安全事件，最终于2009年2月12日宣布破产。2009年3月4日，三元集团以6亿多元成功拍得三鹿资产，该资产包起拍价为6亿元。现已被三元集团收购。

三鹿奶粉厂为什么会倒闭？

企业快速增长，醉心于规模扩张，管理存在巨大风险：三鹿集团大打价格战以提高销售额，挤压没有话语权的产业链前端环节利润。尽管三鹿的销售额从2005年的74.53亿元激增到2007年的103亿元，但是三鹿从未将公司与上游环节进行有效的利益捆绑，因此，上游企业要想保住利润，就必然牺牲奶源质量。加上1986年，三鹿率先创造并推广"奶牛下乡、牛奶进城"城乡联合模式时没有考虑"奶牛下乡"无法直接监控奶源质量，有可能存在奶品的质量问题，最终酿成大祸。如果三鹿公司的高管按照事情的发展规律提前预测到上游的质量问题，防微杜渐加大质量监督的力度，有可能三鹿集团就不会因"三聚氰胺事件"而轰然倒塌。

围墙的倒塌，应该始于墙面的裂缝，看到了裂缝，是不是应该拓展思维，预测发展而有所为？有一句谚语：燕子低飞蛇过道，蚂蚁搬家雨就到。当我们遇到这些自然现象时，就会推测可能下雨，就可以提前准备好雨具，未雨绸缪，防患于未然。

【总结】"治之于未乱"：一、一定要不定期地和员工沟通，行不言之教，见微知著、研究发展、预测未来，及时发现问题防微杜渐。二、真正做事业的人，一定要未雨绸缪，深思熟虑，防患于未然。包括新员工带教、重大事宜、员工心态等问题。三、当员工心态或事情的发展，存在不良问题的可能时，一定想办法及时制止，谨慎于小细节。

好了，事情终于进展顺利，到了快成功的时刻，这个时候我们管理者应该怎样和员工沟通呢？

五、良言忠告，慎终如始

《道德经》第六十四章："民之从事，常于几成而败之。慎终如始，则无败事。""几成"就是几乎要成功了；"慎终如始"就是始终如一的小心谨慎。人们从事的事情，经常在即将成功时却失败了，其根本原因在于他们不能遵循自然规律，持之以恒，心存轻忽。人如果能始终如一，持之以恒，到最后还像刚开始的时候那样严格要求自己，那么他的一生就很顺利，没有败事可言。成语"功败垂成"就出自这里。为什么会功败垂成呢？说穿了，要么是骄傲了，不懂得慎终如始；要么是不自信了，做事情不能持之以恒。挖井的漫画故事大家应该都知道，如果再坚持往下挖就能挖到水了，而挖井者每次都提前放弃，所以每次都以失败而告终。

1644年（岁次甲申），李自成率领起义大军攻下北京，便恣肆享乐起来，而忽略了对中原虎视眈眈的东北满洲人。更有甚者，还抢占了镇守山海关辽东总兵吴三桂的爱妾陈圆圆，并杀了他全家。"恸哭三军皆缟素，冲冠一怒为红颜"。为了报不共戴天的杀父之仇、夺妻之恨，吴三桂倒戈为逆，引兵入关，两路大军很快攻下了北京城，不久便征服了全中国。李自成部队由于进京后骄奢淫逸、贪享富贵而失去了战斗力，根本不是清兵的对手，李自成战死于九宫山，大顺政权昙花一现！

总结失败，原因很多，总不外乎内因和外因，主观上，在胜利即将到来之时骄傲起来，失去了谨慎作风和警惕性；客观上，往往在快要胜利的时候也是最困难的时候，客观阻碍不断出现，自己也快要精疲力竭了，最终不能持之以恒，留下无限遗憾。无论是什么原因，作为管理者都要预见到这一块，或鼓励或提醒，争取让下属做任何事情都能慎终如始，则无败事。

【总结】"慎终如始"：一、事情不到最终的胜利，不要掉以轻心；二、黎明前也是最黑暗的时候，一定要持之以恒地坚持；三、慎终如始，则无败事。

六、肯定祝贺，功成而不有

事情终于成功了，作为领导者应该做到《道德经》第三十四章所说："大道泛兮，其可左右。万物恃之以生而不辞，功成而不有。衣养万物而不为主。常无欲，可名于小；万物归焉而不为主，可名为大。以其终不自为大，故能成其大。"大道广泛流行，上下左右无所不到。万物依赖它生长而不推辞，完成了功业，办妥了事业，而不占有名誉。它养育万物而不去主宰，可以称它为"小"；万物归附而不让万物感到限制，可以称它为"大"。正因为它不自以为伟大，所以才能成就它的伟大、完成它的伟大。

这就让我想到了一个词：教练。大家都知道刘翔是中国田径史上里程碑式的人物，在 2004 年雅典奥运会上以 12.91 秒的成绩平了保持 11 年的世界记录；在瑞士洛桑田径超级大奖赛中，以 12 秒 88 打破了保持 13 年的世界纪录。多次在国际田径赛事中夺冠，是全球目前男子 110 米栏最优秀的运动员之一。刘翔的教练是谁？孙海平。

那么，如果刘翔与教练孙海平 110 米跨栏比赛谁快？肯定是刘翔，可是刘翔叫孙海平师傅。我们既往的印象当中师傅通常都是比徒弟强的。但是在这里是师傅成就了弟子。古人常说弟子不必不如师。徒弟优秀于师傅，名气和成就自然而然就是徒弟的，老师不必去争，老师永远是老师。

鬼谷子是位隐士，但他的徒弟名气却都非常大，比如纵横战国的苏秦、张仪，传说还有孙膑、庞涓。鬼谷子也因徒弟的知名度极高而名扬天下。

【总结】"功成而不有"：一、管理者要培养下属，支持下属，功成名就时不要和下属争功；二、一定要向教练那样为之骄傲，给予真诚的祝贺，甚至是拥抱；三、下属的成功就是自己的成功，下属成功的越多，说明管理者越伟大。

我们需要做的事情就是用"无为无不为"的观念去影响，助其成长的心态用心辅导培养；用取长补短的方式去建立团队；欣赏并支持他们的长处性格能力而不去使用他们不足的性格能力；成功之后也不要抢占他们的功劳。这就是自然规律中的大"道"。

那么"功成而不有"是不是工作就结束了呢？非也。《道德经》第十六章"万物并作，吾以观其复；夫物芸芸，各复归其根"，观照万物一起生长，并且观照万物反复往来。芸芸众生，各自复归其根本。就是说观照万物的生长、变化；再生长，再变化；最终回归于无，继而往来反复，周而复始，生生不息，结束之时又是一段新的开始。

《道德经》第四十章："反者道之动，弱者道之用。天下万物生于有，有生于无。"循环往复是道的运动特点，柔弱是道的作用特点。天下的万物产生于看得见的有形质，有形质又产生于不可见的无形质。

如同太阳每天从东方升，西方落，看上去是一个太阳，但还是有不同的，会有阴天和雨天之分。如同我们的工作，这一个工作告一段落另外一个工作又开始了；有人退休了，有人入职了。我们管理者的工作也是周而复始、生生不息的；要不断地培养下属，要不断地接收新的工作。

道家通过内观外界的方式体悟、把握天道，最终达到物我相融、物我两忘的玄妙之境。在老子那里，道是天地万物生发的本根，是一种大而全的整体性的存在，"道生一，一生二，二生三，三生万物"。道又是一种混沌未分的模糊性的存在，"道之为物，惟恍惟惚"，道是说不清的东西，好像是实际存在的又好像是虚的。天道作为一种整体性、模糊性的认知对象，日常语言或逻辑推理很难完整地表述和把握之，正所谓"道可道，非常道"。老子一方面指出天道不可言说、不可感知、不可触摸的特性，另一方面又要超越日常语言和逻辑推理去把握天道的问题，提出了通过素朴本心直观天道的理想。

道家所创建的一整套管理艺术，其核心就是"无为而治"，这与现代西方管理学理论中的倡导的"自动化管理""成本最小收益最大化管理"有着微妙的相通之处，都是致力于避免干预、提倡自由、鼓励下属发挥创造性与积极性。从道家的管理模式或管理风格中，可以看出对科学管理的崇尚、对个人创造能力的尊重及对管理绩效的追求。

第二节　道家对管理者的要求

《道德经》里面多次强调管理者的权力不如影响力。《道德经》第十七章："太上，不知有之；其次，亲而誉之；其次，畏之；其次，侮之。信不足焉，有不信焉。悠兮，其贵言。功成事遂，百姓皆谓'我自然'。"最好的统治者，人民并不知道他的存在；其次的统治者，人民亲近他并且称赞他；再次的统治者，人民畏惧他；更次的统治者，人民轻蔑他。统治者的诚信不足，人民才不相信他。最好的统治者是多么悠闲，他很少发号施令，事情办成功了，老百姓说"我们本来就是这样的"。

作为管理者要有品格。"品"即品德,"格"即格局。在读《道德经》的时候我们发现道家对管理者有七个要求。如图3-2。

图 3-2 道家对管理者的要求

一、心态上——上善若水

《道德经》第八章"上善若水,水善利万物而不争,处众人之所恶,故几于道"。最高的善,像水那样,水善于帮助万物而不与万物争其功。它停留在众人所不喜欢的地方,处在最低的位置,不与万物争高下,所以接近于道,这是最为高尚的美德。

大家都知道水的特点,没有固定的形状,把它放在任何容器中,它都会随容器的形状变化而变化;对环境也没有要求,让去哪就去哪;对周围环境的好坏也没有要求,比如:它不会因为是一个臭水沟,就不往那里流淌;该液体时液体,该固体时固体,该气体时气体;滋养人类和万物而不索要报酬。老子弘扬水的精神，其实是在宣扬一种处世哲学，做人要与水一样，有极大的可塑性。水性柔而能变形：在海洋中是海洋之形，在江河中是江河之形，在杯盆中是杯盆之形，在瓶罐中是瓶罐之形。

很久以前听过一个关于老子的故事。他的学生请教他，什么东西最坚韧？老子张开已经掉光牙的嘴巴，指了指舌头。学生立刻明白了：牙齿是人身体最坚硬的部分，但是却不能与人同老，舌头是最柔软的部分，却能保留到最后。

一位年轻的商人被搭档出卖，痛不欲生，想跳湖自尽。他在湖边碰上了一位观水静坐的智者，便将自己的境遇逐一细述。

智者微笑着将他带回家中，令其从地窖里搬出一块偌大的坚冰。商人虽然百思不得其解，但还是照做了。冰块搬出来后，智者吩咐："用力砍开它！"

商人找来斧头便砍，不料猛烈的重击，只能在冰面上划下一道细微的印记。商人又抢起斧头，全力劈凿。一会儿，对着掉落的冰屑，他气喘吁吁地摇头："这冰实在太硬了！"

智者不语，将冰块放在铁锅中煮。随着温度的升高，冰块慢慢融化。智者问："你从中有所领悟没有？"

商人说："有些领悟了。我对付冰块的方式不对，不该用斧头劈，得用火烧。"

智者摇头。商人面露难色，鞠躬请教。智者语重心长地说："我所让你看到的，是成功人生里的七种境界。"

冰虽为水，却比水强硬。越在寒冷恶劣的环境下，它越能体现出坚如钢铁的特性。这是成功人生的第一种境界：百折不挠。

水化成气，气看无形，若气在一定的范围内聚集在一起形成聚力，便会变得力大无穷，动力无比。这是成功人生的第二种境界：聚气生财。

水净化万物，无论世间万物多脏，它都敞开胸怀无怨无悔地接纳，然后慢慢净化自己。这是成功人生的第三种境界：包容接纳。

水看似无力，自高处往下流淌，遇阻挡之物，耐心无限，若遇菱角磐石，即可把棱角磨圆，亦可水滴石穿。这是成功人生的第四种境界：以柔克刚。

水能上能下，上化为云雾，下化作雨露，汇涓涓细流聚多成河，从高处往低处流，高至云端，低入大海。这是成功人生的第五种境界：能屈能伸。

水虽为寒物，却有着一颗善良的心。它从不参与争斗，哺育了世间万物，却不向万物索取。这是成功人生的第六种境界：周济天下。

雾似缥缈，却有着最为自由的本身。聚可云结雨，化为有形之水，散可无影无踪，飘忽于天地之内。这是成功人生的第七种境界：功成身退。

"上善若水"多么美妙的境界！

【总结】"上善若水"：一、"我是革命一块砖，哪里需要哪里搬"，领袖其实就是衣服的领子和袖子，脖子要动，手腕要动，它们都是在关节之处所以磨炼的更多，工作上能屈能伸、百折不挠；二、无论是"好员工"还是"孬员工"都不嫌弃，知人善用，人人有才但人无全才，扬长避短人人可以成才，用人所短人人都是废物，对员工要做到包容接纳；三、利他人成长之心培养下属，该出手支持时毫无怨言地支持，自己的使命完成时功成身退。四、该温和时温和，该严厉时严厉，该过问时必过问，不该过问时不过问，聚气生财；五、能有水一样的心态以柔克刚、周济天下，就是最高尚的美德，就是"道"。

二、品德上——以百姓心为心

《道德经》第四十九章："圣人常无心，以百姓心为心。善者，吾善之；不善者，吾亦善之；德善。信者，吾信之；不信者，吾亦信之；德信。" 圣人常常是没有私心的，以百姓的心为自己的心。对于善良的人，我善待他；对于不善良的人，我也善待他，这样就可以传播善良，从而使人人向善。对于守信的人，我信任他；对不守信的人，我也信任他，这样可以传播诚信了，而使人人守信。

这就告诉我们，管理者要做到"无我利他"，尽量为大家做好事，尽量让你的员工能够从物质和精神两方面得到幸福，照顾好你所管理的员工，进而利众生。同时做好守信为善的行为榜样；这样大家也都会做到遵守信用，与人为善。

中国历史上贤明的封建统治者都明白"以百姓心为心"的重要性。开创了"文景之治"的汉文帝说过"各伤其任职，务省新费以便民"；开创了"贞观之治"的唐太宗说过"朕每日坐朝，欲出一言，即思此一言于百姓有利益否"；开创了"康乾盛世"的康熙皇帝说过"政令有不便于民者更之"。

唐朝前后存世289年，传位21代。全盛时在文化、政治、经济、外交等方面都达到了很高的成就，是中国历史上的盛世之一，也是当时世界的强国之一。唐朝声誉远及海外，以后海外多称中国人为"唐人"。大唐盛世和唐太宗李世民是分不开的，他开创了大唐的"贞观之治"。

唐太宗的治国理念既是"水能载舟，亦能覆舟"，也是唐太宗爱民的思想基础。他常说"老百姓是立国之本"。贞观二年（公元628年），京畿地区发生蝗虫，唐太宗前去查看灾情，看见蝗虫，他顺手捉了一只放进自己的嘴里，并咒骂道："老百姓靠庄稼养活生命，而你们却吃庄稼，我宁愿让你们吃我的内脏。"侍从见此劝说道："蝗虫是污秽之物，吃下去会生病的。"唐太宗说："为了不让老百姓受苦，我不怕生病。"于是，他把蝗虫吞咽了下去。此后，蝗虫再没有造成大的灾害。贞观元年至三年，关中、关东地区发生水旱、蝗、霜之灾，唐太宗当即下诏"所在赈恤，无出今年租赋"。对那些生活极度困难，"卖子以接食"的（当时买卖儿女是合法的），唐太宗下诏"出御府金帛为赎之，归其父母"。就这样用国库的钱把那些卖掉的孩子全部买回来，还给了他们的父母。使那些破碎的家庭又重新圆满起来，试想那个人不希望和亲人们一起，享受一家人的快乐时光？

贞观六年，（公元632年），唐太宗在审查复核案件时，看到30多名死囚犯的案卷，觉得很可怜，就下了一道圣旨：把他们全部放回家。接着，他又诏令：把全国的死囚犯都放回了家，并告知他们来年都到京城一起问斩。贞观七年（公元633年），被放回家的全国390名死囚犯，在既没有人带领又没有人监管的情况下，都按时从全国各地返回京城长安，唐太宗将这些死囚犯全部予以了赦免。这从侧面反映了贞观年间的司法状况，也是唐太宗取信于天下，执法不私亲所换来的"信义"。

唐太宗爱民如子。一次，唐太宗与历任兵部尚书李世勣一起喝酒，李世勣大醉，在酒席上酣睡不醒，唐太宗担心他受凉，就脱下自己的长袍，轻轻地盖在他的身上。还有一次，李世勣生病在家，唐太宗前去探望。太医说，胡须灰可以治其病，太宗听了，立刻命人找来剪刀，亲自将自己的胡须割下，烧成灰后又亲自将须灰调入药中，让李世勣服下，李世勣的病很快好了起来。李世勣感动得"顿首见血，泣以塾谢"。唐太宗说："为君之道，必须心存百姓，若损百姓以奉其身，如割胫以自啖，腹饱而身弊。"唐太宗身患高血压病，特别怕热，每到夏天坐在冰床上办公。他即位三年后，国家稳定，人民生活得到了很大的改善，唐太宗的威望也树立起来了，有大臣建议在长安外边阴凉的地方建一座宫殿，并置备了一些主要的物料。起初，唐太宗也这样想过，但后来，他在宰相魏征的建议下，改变了想法，他想：建宫殿会花费大量的人力、物力，会加重老百姓的负担，现在民力还没有完全恢复，老百姓的生活还没有真正好转。想到这些，他便诏令取消了建设宫殿。

唐太宗被称为历史上的明君。作为最高统治者，他力戒骄奢，勤政爱民，亲贤臣，远小人，虚心纳谏，严于律己，带头遵守法律，留给后人很多值得学习的地方。他的爱民思想开创了空前绝后的"贞观盛世"，使我们这个东方大国，成了当时世界上最强盛、最先进、最受世人膜拜的帝国，唐太宗也因此成为历代帝王敬仰的"千古一帝。""贵以身为天下"，想没有成就都难。

所以《道德经》第七章："是以圣人后其身而身先，外其身而身存，非以其无私邪？故能成其私。" 有道的圣人遇事谦退无争，反而能在众人之中领先；将自己的利益置之度外，反而能保全他的自身。这不正是因为他无私吗？所以能成就他的理想。

日本的稻盛和夫1932年出生于日本鹿儿岛，27岁创办京都陶瓷株式会社（现名京瓷Kyocera），52岁创办第二电信（原名DDI，现名KDDI，目前在日本为仅次于NTT的第二大通信公司），创办的两家公司都在他的有生之年进入世界500强，两大事业皆以惊人的力道成长。稻盛和夫为什么能有如此的成就呢？在京瓷的经营理念中，高调揭示经营目的是"在追求全体员工物质和精神两方面幸福的同时，为人类社会的进步发展做出贡献"。在京瓷公司，稻盛和夫把追求员工及其家庭幸福作为公司第一目标；第二目标是为了协作商的员工及其家庭幸福；第三目标是客户；第四目标是社区；第五目标才是股东。这是他们的目标序列。这不正是"后其身而身先，外其身而身存"吗？

正因为你没考虑自己的私利，结果为大家做事，大家都来帮助你，成就你，最后你的成就是最大的。也就是说放下自己的私心杂念为大家做事，反而大家来支持你，让你越做越好。

【总结】以百姓心为心：一、管理者应没有私心私欲，能够体察员工、倾听民声、顺应民意，人在不是团队仅是团体，人在心在才是团队。二、"百姓"为水而非草芥，水可以载舟，亦可以覆舟。管理者应为民之所想，急民之所急。三、《道德经》第七章："是以圣人后其身而身先，外其身而身存。"四、传播善良，传播诚信，使人人向善，人人守信。

三、思维上——不敢为天下先

《道德经》第六十七章："我有三宝，持而保之：一曰慈，二曰俭，三曰不敢为天下先。慈故能勇；俭故能广；不敢为天下先，故能成器长。"我有三件法宝，执守而且保全它：第一件叫作慈爱；

第二件叫作俭啬；第三件是不敢居于天下人的前面。有了这柔慈，所以能勇武；有了俭啬，所以能大方；不敢居于天下人之先，所以能成为万物的首长。"不敢为天下先"就是在不妄为的情况下要敢为天下先！老子就是告诉我们：思维和实践活动必须在尊重自然规律的基础上，从实际出发，保持谦卑的心态，把握恰当的时机勇做"天下先"。

大家都知道战国时期秦国的秦孝公即位以后，重用商鞅，实施变革，即"商鞅变法"。

经过商鞅变法，秦国发展成为战国后期最强大的封建国家。经济上，改变了旧有的生产关系，废井田开阡陌，从根本上确立了土地私有制；政治上，打击并瓦解了旧的血缘宗法制度，使封建国家机制更加健全，中央集权制度的建设从此开始；军事上，奖励军功，达到了强兵的目的，极大地提高了军队的战斗力，为秦的下一步的战略发展创造了有利的条件，为统一全国奠定了基础。秦孝公做的哪一件事情不是敢为天下先！

我们身边很多人非常优秀，也很务实。但思维受限而局限了他的杰出和追求人生的高度；很多时候限制自己的是你自己的思维而不是环境。我有一次和一位老同事沟通营销的事，结果他怕这怕那。我就对他说："你怕这怕那，限制别人行为的同时更加限制了自己的行为。别人不会因你的限制而不去获得，只是你这条道封了，但还有其他的路，可能更方便也可能更坎坷，但只要愿意，条条大路通罗马的。而你却失去了一次好的机会。每个人都是天生富足而卓越的，关键是自己愿不愿意放飞理想。"

可能说得重了，我发现他变了很多。但有时候，时机很重要，稍纵即逝。世上永远不变的东西就是变化，所以要敢为天下先。

【总结】不敢为天下先：一、思维和实践活动从实际出发，遵守事物发展的规律、按照规律去办事；从规律中了解事情是发展趋势并把握趋势、顺应趋势、掌握先机。二、保持谦卑的心态，遵守事物发展的规律和防范未然的基础上借鉴过去，研究现在，预测未来，把握恰当时机，勇做"天下先"。三、在恰当的时机放飞自己和下属的心，应对不变中的变化。三、柔慈与勇武并存；俭啬和大方同行。

四、认知上——知不知

《道德经》第七十一章："知不知，上；不知知，病。圣人不病，以其病病，夫唯病病，是以不病。" 知道自己还有所不知，这是很高明的；不知道却自以为知道，这是很糟糕的。有道的圣人没有缺点，因为他把缺点当作缺点，认真对待及时解决。正因为他把缺点当作缺点，所以，他们才不会犯这样的毛病。

成功人士，不一定是最能干的，也不一定是最聪明的，但他一定是最清楚地了解自己，善于用他人长处的人。

汉高祖刘邦是中国历史上第一位"草根"帝王，刘邦为什么能战胜杰出军事家项羽？为什么在楚汉争霸之时，项羽兵多将广却败给了刘邦？是因为刘邦的"知不知"和项羽的"不知知"。在项羽对刘邦的战争中，项羽屡战屡胜。但项羽不善用人，他只有一个范增，还被排斥。刘邦手下的人才，很多是从项羽那里过来的。例如张良、陈平、英布、韩信等。项羽的失败除了战略上的错误外，最重要的是不能识人、知人、用人、不肯纳谏，对自己和对手的认知不够到位，认为自己是全能的。

刘邦曾经说过："夫运筹帷幄之中，决胜千里之外，吾不如子房；镇国家，抚百姓，给馈饷，不绝粮道，吾不如萧何；连百万之众，战必胜，攻必取，吾不如韩信。三者皆人杰，吾能用之，此吾所以取天下者也。"正因为刘邦"知不知"，善用人，且用人不疑，最终取得了胜利。

【总结】"知不知"：一、管理者要清楚地知晓自己适合做什么事，不适合做什么事，学会用他人的长处来弥补自身不足，这是很高明的。二、知人善用，人尽其才。一个人很难发展成全才，没有十全十美的人。要知道自己下属的优势和不足，用人之时要看到长处也看到短处，做到避短扬长或取长补短。三、要知道自己的性格不足和自己的能力水平，要做到用人不疑，疑人不用。

五、内部沟通上——以静为下

《道德经》第六十一章:"牝常以静胜牡,以静为下。故大邦以下小邦,则取小邦;小邦以下大邦,则取大邦。故或下以取,或下而取。"雌柔常以安静守定而胜过雄强,这是因为它居于柔下的缘故。所以,大国对小国谦下忍让,就可以取得小国的信任和依赖;小国对大国谦下忍让,就可以取得大国的见容(见容就是宽容、接受)。所以,或者大国对小国谦让而取得小国的信任,或者小国对大国谦让而见容于大国。

《道德经》第十六章:"知常容,容乃公,公乃全,全乃天,天乃道,道乃久,没身不殆。"懂得了道,就能有所包容,包容一切才能公正豁达,公正豁达才能完整周全,完整周全才能符合自然,符合自然就是遵循大道,遵循大道才能长治久安,终身都不会有危险。

《道德经》第七十八章:"天下莫柔弱于水,而攻坚强者莫之能胜,以其无以易之。柔之胜刚,弱之胜强。"天下没有比水更柔弱的,但攻坚克强却没有什么能胜过它,因为没有什么可以真正改变得了它。柔能胜过刚,弱能胜过强。

台湾智慧大学校长曾仕强教授曾说:中国历史上多次被侵略,在被侵略的融合中又伴随着被动的民族融合,所以中国不断壮大,领土也越来越多。比如清兵打进来了,我们只给满清二百八十年的统治,而中国的国土面积扩大了一倍。

"六尺巷"的典故大家应该都听说过,是一段历史佳话。说的是清朝康熙年间文华殿大学士兼礼部尚书张英家与邻里之间发生的土地纠纷的故事。

张英老家桐城的官邸与吴家为邻,两家院落之间有条巷子,供双方出入使用。后来吴家要建新房,想占这条路,张家人不同意。双方争执不下,将官司打到当地县衙。县官考虑到两家人都是名门望族,不敢轻易了断。

这时,张家人一气之下写封加急信送给张英,要求他出面解决。张英看了信后,认为应该谦让邻里,他在给家里的回信中写了四句话:千里来书只为墙,让他三尺又何妨?万里长城今犹在,不见当年秦始皇。家人阅罢,明白其中含义,主动让出三尺空地。吴家见状,深受感动,也主动让出三尺房基地,"六尺巷"典故由此得名。

"以静为下"就是要在尊重对方,礼贤下士的基础上进行沟通。不仅是在内部沟通上,其实和外部沟通也要做到"以静为下",这样你更能获得尊重。成熟的稻子总弯腰,弯腰,因为成熟而有价值,不弯腰因为你知之甚少。不仅如此,对待竞争对手也要如《道德经》第六十一章"大邦不过欲兼畜人,小邦不过欲入事人。夫两者各得所欲,大者宜为下"。大国不要过分想统治小国,小国不要过分想顺从大国,两方面各得所欲求的,大国特别应该谦下忍让。因为《道德经》第七十六章:"人之生也柔弱,其死也坚强。

草木之生也柔脆，其死也枯槁。故坚强者死之徒，柔弱者生之徒。是以兵强则灭，木强则折。强大处下，柔弱处上。"人活着的时候身体是柔软的，死了以后身体就变得僵硬。草木生长时是柔软脆弱的，死了以后就变得干硬枯槁了。所以坚强的东西属于死亡的一类，柔弱的东西属于生长的一类。因此，用兵逞强就会遭到灭亡，树木强大了就会遭到砍伐摧折。凡是强大的，总是处于下位，凡是柔弱的，反而居于上位。最坚固长久的东西是柔软的，柔软的方法才会促进和谐，所以大国要谦让小国。如同现在的商业竞争，如果大的企业和小的企业竞争，不再做研发不再追求质量，一味地牺牲质量打价格战，最后整个行业都会因质量问题受到严重损失，如"奶粉事件""疫苗事件"等，不和谐的竞争和发展，双方都会受到影响。

【总结】"以静为下"：一、《道德经》第六十六章"江海之所以能为百谷王者，以其善下之，故能为百谷王。"江海之所以能汇聚百川而得以称王，是因为它善于处在下游，所以能成百川之王。二、谦让虚心，就能得到众人的拥戴，得到众人的拥戴就可以统摄全局；三、宽宏容纳才能公正豁达，公正豁达才能完整周全，考虑周全才能无忧就没有危险。四、双赢思想，工作上不比较，得失上不计较。五、比他人强大时更需要保持谦下忍让才能保全自己。

六、学习上——勤而行之

《道德经》第四十一章："上士闻道，勤而行之；中士闻道，若存若亡；下士闻道，大笑之。不笑不足以为道。"上士听了道的理论，努力去实行；中士听了道的理论，有时记在心里有时则忘记掉；下士听了道的理论，哈哈大笑。不被嘲笑，那就不足以称其为道了。

有时候在我们水平没有达到一定高度时，可能当时对某些事情不理解会一笑而过。我记得最早的时候有朋友告诉我《道德经》是一本好书，值得一看。当时我就觉得好笑，这么深奥的东西，能学会吗？后来有了女儿，因为小孩子记忆力比较好，我就想让她背一些国学的知识。结果她没背会，我倒是学了进去。其实，任何东西能不能"勤而行之"是一种心态，只要你愿意就能够做到。

我记得，我做地区经理期间，我们区有两位业务人员，其中一位新人，一位老人。每当公司有新项目开展时，新人就开始去讲课，告知开展这个项目的临床意义。而有经验的老人最先只是观察，等新产品定位精准了，产生销量了，才开始讲课等，所以他的销量一直落后新人。五年之后两个人的成长已差别很大，有经验的老人只做到部门经理，而新人却已经成为子公司总经理。学习是自己的事情，"学而时习之"也是自己的事情。

子曰："学而时习之，不亦说乎？"但是我们很多人虽学到了知识却并没有运用，就等同于你拥有了一本难得的武功秘籍，但你不去练习它,你永远不可能成为武林高手。

其实,包括我们带教下属也是如此。为什么有些领导带教的人成长的很快?那是因为他培训完下属之后,严格要求下属按照培训的内容去执行,并进行监督和辅导。下图 3-3 就表明学习知识后,没有行为和有行为的区别。

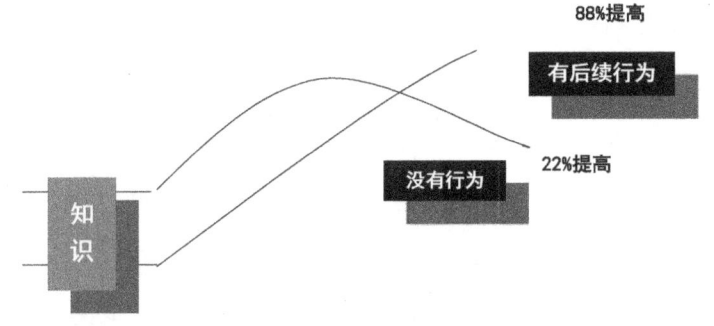

图 3-3　行为对知识学习的影响

【总结】"勤而行之":一、培养下属的学习力;二、学习了知识,就要运用到工作和生活中,并养成习惯;三、辅导下属"学而时习之",使其快速成长。

七、处事智慧——七"善"之为

《道德经》第八章:"居善地,心善渊,与善仁,言善信,正善治,事善能,动善时。夫唯不争,故无尤。" 最善的人,居处最善于选择地方,心胸善于保持沉静而深不可测,待人善于真诚、友爱和无私,说话善于恪守信用,为政善于精简处理,能把国家治理好，处事能够善于发挥所长，行动善于把握时机。最善的人所作所为正因为有不争的美德，所以没有过失，就没有怨咎。

这里介绍了"不争"是种美德，能做到不争就没有怨咎；反之善争不一定就能善终。

战国时期魏国开国君主魏文侯问李克道："吴国灭亡的原因是什么呢？"

李克答道："屡次作战屡次取得胜利。"

文侯又说："屡次作战屡次获胜，这是国家的福气啊，它却因此而灭亡，这是为什么呢？"

李克答："多次战斗，百姓就疲惫不堪，多次获胜，君主就骄横，让骄横的君主统治疲惫的人民，这就是它灭亡的原因。所以，喜欢争夺打仗，穷竭兵力的君主，他的国家没有不灭亡的。"

由此可见不争就能无咎。我们再来看看"七善"之为：

"居善地"其实就是找准适合自己的位置。一个人一生的事业，可以有多种选择，但选择哪种事业最适合自己，是需要智慧的。知道了自己的优势和弱点，找准真正适合自己的位置，全力以赴，才有可能成就一番事业。"心善渊"就是心胸博大，心胸博大，就会平静，外在干扰不会影响心绪，这是学习进步、得以提高的基础。"与善仁"："与"就是交往。"与善仁"告诉我们与人交往应当心存友善。这种友善，是发自真心的，没有虚伪，不分高低贵贱，对强者予以尊重，对于弱者也予以理解支持。"言善信"是指为人处世，一定要讲信用。"事善能"准确估量自己的能力，不好高骛远，做力所能及之事都能顺利完成。"动善时，""动"是行动，"善时"是指好的时机。做任何事情，要把握好时机，当机立断。尤其做一些关乎成败的大事。

把握时机非常重要。战国末期，秦将李信率领二十万军队攻打楚国。开始的时候秦军攻下了很多城池，势不可当。没过多久，李信就中了楚将项燕的埋伏，狼狈逃走了，秦军也因此损失数万。

后来，秦军又用老将王翦。王翦率领六十万军队，来到楚国边境。王翦坚持修筑堡垒，想要坚壁固守，两军相持了很久。

一年之后，楚国开始松懈了，将士们已经没有什么斗志了。楚军认为秦军在防守自保，不会再攻打楚国了，于是决定往东撤。王翦知道时机已经到了，就下命令追击楚军。秦军人人都好像猛虎下山，把楚军杀得片甲不留。秦军乘胜追击，势不可挡。公元前233年，秦灭楚。

王翦之胜就在于把握住了进攻的时机。而李信的失败就在于他被秦军麻痹，没把握住战机，结果失败了，努力全部付诸东流。

再来说说清朝著名的红顶商人胡雪岩。

1823年，胡雪岩出生在安徽的一个小村子里，那时候胡家很穷，全靠帮人放牛来维持生计。13岁时，胡雪岩离开了家乡到外面闯荡，凭着认真负责、踏实能干的原则，很快就得到一家钱庄老板的信任。钱庄老板并没有孩子，他把胡雪岩当成自己的亲儿子一样对待。而这家钱庄，成了胡雪岩进入商海赚到的第一桶金。

曾经有一个知名布商在生意中亏了很多钱，便想把自己的全部家当低价转让，好换取一笔应急资金。当时他所有的财产加起来差不多要五千两白银，而转让的价格才仅仅两千两。

这个布商知道胡雪岩为人诚信，肯定不会再趁火打劫压低价格，于是跑来找他寻求帮助。胡雪岩听完布商的话，并不知道是真是假，他沉思了一下说：容我考虑一下，你明天再来吧。看着布商有些忐忑地离开后，胡雪岩连忙派了手下人去打探虚实，得到的结果是确有其事。

第二天，布商再次上门，胡雪岩对他说：我答应买下你全部的家产，但不是两千两，而是按市价来算，给你五千两。

布商感到很惊讶，他问胡雪岩为什么要这样做。胡雪岩说：我只是暂时替你保管你的家当，等到你有能力就可以再赎回去了。

胡雪岩之所以成为大清红极一时，富可敌国的红顶商人，就是因为他心存友善、心胸博大、讲守信用。

他还说过一句话：智者把握机遇，圣者创造机遇。说明他非常擅长把握时机，甚至去创造时机。

网络上流传着这样一个故事：

一位优秀的商人杰克，有一天告诉他的儿子：我已经决定，看好了一个女孩子，我要你娶她。

儿子说：我自己要娶的新娘，我自己会决定。

杰克：但我说的这女孩，可是比尔·盖茨的女儿喔！

儿子：哇！那这样的话……

在一个聚会中，杰克走向比尔·盖茨，他说：我来帮你女儿介绍个好丈夫。

比尔·盖茨：我女儿还没想嫁人呢！

杰克：但我说的这年轻人，可是世界银行的副总裁喔！

比尔·盖茨：哇！那这样的话……

接着，杰克去见世界银行的总裁。杰克说：我想介绍一位年轻人来当贵行的副总裁。

银行总裁：我们已经有很多位副总裁，够多了！

杰克：但我说的这年轻人，可是比尔·盖茨的女婿喔！

银行总裁：哇！那这样的话……

最后，杰克的儿子娶了比尔·盖茨的女儿，又当上世界银行的副总裁。

这或许就是创造机会。

【总结】"七善之为"：一、准确估量自己的能力，找准适合自己的位置。二、心胸博大，友善交往，讲守信用。三、做任何事情，要把握好时机，有一定的决断力。四、时机有时候需要等待，在坚定使命和方向的基础上，有时候也需要创造"时机"。

第四章 解读老子的管理之道

五千言的《道德经》反反复复地在说一件事情："道"就是客观存在的规律。《道德经》第二十五章："人法地，地法天，天法道，道法自然。" 人取法地，地取法天，天取法"道"，而"道法自然"就是道最终也要取法于道自己，如此。

我们来学习一下老子告诉我们的一些管理智慧。

1. 居其位，谋其事。《周易》"天行健，君子以自强不息；地势坤，君子以厚德载物"。天自强不息，周而复始地刮风下雨出太阳，滋养万物，如果有一天它罢工了，人类将是什么样子？地厚德载物，默默无言支持万事万物，无论你是好的或不好的事物，它都无声无息地承载。

2. 不妄行，不名言。天地知道如果妄行，万物就要遭殃。所以地震、台风、暴雨不会是天天有的。如果随意妄为，万物将不得生。偶尔也有地震、台风、暴雨的时候，为什么？那是因为它用不明言的方式想给我们人类一些提示：要按规律办事，不要妄为，妄为的后果是严重的。

3.无私心，无偏见。天地滋养万物，也从来没有要求过回报。天地养育万物，没有什么偏心的。它不会因为这个人不是好人，下雨的时候把他们家的地空出来，从来没有。

4.生长规律，周而复始。《道德经》第四十章："反者道之动，弱者道之用。天下万物生于有，有生于无。" 循环往复是道的运动特点，柔弱是道的作用特点。天下的万物产生于看得见的有形质，有形质又产生于不可见的无形质。

道的运动规则是正反两个方面，对立统一，循环往复，以致无穷。道用弱的一面来对待自然，换言之就是顺应规律而不是改变规律。春、夏、秋、冬，四季轮回，寒暑交替，周而复始。这就是无法改变的自然规律，但每一年又有不同。比如今年冬天有特别寒冷的10天，明年可能就有15天，但这也是自然规律。

老子在《道德经》第七十章说："吾言甚易知，甚易行。天下莫能知，莫能行。言有宗，事有君。夫唯无知，是以不我知。知我者希，则我者贵。是以圣人被褐而怀玉。" 老子说，我的道很容易理解，很容易实行；然而天下，却没有人能听的懂，也没有人去实行。言论有宗旨用意，做事要有根据。正是因为人民的无知，所以才导致他们不了解我。能理解我的人很少，能效法我并在行事中加以贯彻的就更难能可贵。所以圣人的外表是极寻常的，其实他们的大脑中装有极其宝贵的思想。

老子的思想，在两千年后被一个叫王守仁的"半圣人"深刻领悟，并被完美地践行。王阳明被称为集哲学家、教育家、文学家、军事家为一身的牛人。

王守仁是明代人，别号阳明，人称王阳明。他精通儒释道，说过"懂得道理是重要的，但实际运用也是重要的！"。早在两千多年前老子就提出这个观点"勤而行之"。王阳明不仅悟"道"的规律而且做到了"知行合一"，知行合一的很多思想就是《道德经》的宝贵智慧。

1. 知人善任。当年明月先生所著《明朝那些事儿》里记载说，王阳明发现一个地方的老百姓，和其他地方不同，就是善于打群架。村与村之间为了争夺水源灌溉庄稼，经常争斗，即使打死人也要继续再战，不达目的誓不罢休。于是王阳明决定就在这个地方征兵剿匪，后来这支队伍果然勇猛异常，战无不胜。

《道德经》二十七章："是以圣人常善救人，故无弃人，常善救物，故无弃物，是谓袭明。"打群架本是一件极为不好的事情，善于运用反而变成对国家有利的事情。知人善任，不足也能变成优势。

2. 善为人师。《明朝那些事儿》里这样评价王阳明："王守仁是一个伟大的人。他不嫌弃弟子，不挑剔门人，无论贫富贵贱，他都一视同仁，将自己几十年之所学倾囊传授，他虚心解答疑问，时刻检讨着自己的不足，没有门户之见，也不搞学术纷争。据我所知，能够这样做的，似乎只有两千年前的那位仁兄——孔子。"

《道德经》二十七章说："善人者不善人之师；不善人者善人之资。"管理者要用助其成长之心对所有的下属尽心培养，同时善于总结各自的优点，让下属之间借鉴优劣助其成长。

3. 不争。遇到得罪不起的小人，怎么办？王阳明说："君子与小人居，决无苟同之理，不幸势穷理极而为彼所中伤，则安之而已。处之未尽于道，或过于疾恶，或伤于愤激，无益于事，而致彼之怨恨仇毒，则皆君子之过也。不争一时之长短，不逞一时之勇，不图一时口舌之快！虚己应物，应物而不伤。"不争一时之长，不逞一时之勇，不图一时口舌之快，保全了大局，也保全了自己。王阳明既把自己所做的事当回事，在其位谋其事；更把自己不当回事，遇到打击、挫折退而不贪功。为学、悟道、讲学，终于成为功业完满的一代圣人。"不争"也是老子的一个重要思想，《道德经》中五次讲到"不争"。特别经典的有三处：

《道德经》第八章："上善若水，水善利万物而不争，处众人之所恶，故几于道。居善地，心善渊，与善仁，言善信，政善治，事善能，动善时。夫唯不争，故无尤。"最善的人好像水一样。水善于滋润万物而不与万物相争，停留在众人都不喜欢的地方，所以最接近于"道"。最善的人，居处最善于选择地方，心胸善于保持沉静而深不可测，待人善于真诚、友爱和无私，说话善于恪守信用，为政善于精简处理，能把国家治理好，处事善于发挥所长，行动善于把握时机。最善的人所作所为正因为有不争的美德，所以没有过失，也就没有怨咎。

《道德经》第二十二章："夫唯不争，故天下莫能与之争"，不与人相争的，反而世界上没有人能和他相争。

《道德经》第六十六章"以其不争，故天下莫能与之争" 因为他不与人相争，所以天下没有人与他相争。

4.静心去杂：《王阳明心学》第四十九章："草作为一个外物，虽然没有善恶之分，但如果它对人的正常活动有所妨碍，按道理应该拔去，就顺其自然地拔掉就行了。即使偶尔没有拔除干净，亦不必放在心上牵累自己。假若过分在意的话，这些念头就会成为心体的累赘，便会有许多被情绪干扰的地方。"

《道德经》第十六章上的一段话"致虚极，守静笃，万物并作，吾以观其复。夫物芸芸，各复归其根"。尽可能地使自己显得虚若无有，尽可能地保持清静，在波起云涌似的事态演变中，我们可以因此而观察它们的循环反复。万事万物虽然纷纭繁杂，但它们都可以归结于它们的根本。这就是静心去杂中发现事物规律、预测发展、见微知著。

5.顺从规律。王阳明善于发现规律，找到规律，运用规律。江西地区数十年土匪猖獗，无人能平，原因每次剿匪都无功而返。王阳明到任后第一时间发现这一现象，就判断是官府中出了内奸。于是他在查出所有间谍后，第一时间策划"反间谍"，利用间谍释放假消息，让他们变成"双面间谍"，仅用一年时间就平了草寇。

《道德经》第二十五章："人法地，地法天，天法道，道法自然。"人取法地，地取法天，天取法"道"，而道就是顺其自然，按自然规律办事。按规律办事就是：收集信息，发现规律；权衡利势，顺其规律；预测发展，趋利避害，就能成其事。

6. 无私心。再用明穆宗朱载垕对王阳明的评价："两肩正气，一代伟人，具拨乱反正之才，展救世安民之略，功高不赏，朕甚悯焉！因念勋贤，重申盟誓。"

《道德经》第四十九章："圣人常无心，以百姓心为心。善者，吾善之；不善者，吾亦善之；德善。信者，吾信之；不信者，吾亦信之；德信。" 圣人常常是没有私心的，以百姓的心为自己的心。对于善良的人，我善待于他；对于不善良的人，我也善待他，这样就可以传播善良，从而使人人向善。对于守信的人，我信任他；对不守信的人，我也信任他，这样可以传播诚信了，从而使人人守信。老子认为，理想的执政者没有私心，以百姓之心为心，使人人守信、向善。如果这样，这个世界将会是多么和谐啊。

7. 勤而行之。王阳明心学核心就是"知行合一"，也就是"上士闻道，勤而行之"。

《道德经》四十一章："上士闻道"是"勤而行之"的。"懂得道理是重要的，但实际运用也是重要的！"孔子也说"朝闻道，夕死可矣"。台湾智慧大学校长曾仕强教授曾说："朝闻道夕死可矣"的意思不是说早晨懂了道，当天晚上死去也心甘。而是说早晨懂了"道"的知识，当天就应该去践行，到了晚上自己应该变成会运用"道"的自己。

"道"是道家核心思想体系，表示万物的运化规律，而"无为"是道家管理的核心理念，也是中国哲学追求的理想境界。我们认识了"道"，能不能运用到实际中去呢？

答案是肯定的。总结和探索道家的管理哲学，就要把道家的管理智慧运用到实践中去。因为智慧来源于生活实践的观察，也源自先哲们的优秀思想。道家的管理智慧对我们中国企业管理者而言无论从思想上，还是行为上都有重要的启迪作用。

我的水平有限，但道家的思想博大精深，我不知道自己能不能很好地理解，很清晰地表达，所以希望大家能多看《道德经》，悟出更多的"道"后"勤而行之"。

附录：《道德经》部分章节原文、译文及注释

第一章

【原文】

道可道也①，非恒道也②。名可名也③，非恒名也。无名④，万物之始也；有名⑤，万物之母也⑥。故恒无欲也⑦，以观其眇⑧；恒有欲也，以观其所徼⑨。两者同出，异名同谓⑩。玄之又玄⑪，众眇之门⑫。

【译文】

"道"如果可以用言语来表述，那它就是常"道"（"道"是可以用言语来表述的，它并非一般的"道"）；"名"如果可以用文辞去命名，那它就是常"名"（"名"也是可以说明的，它并非普通的"名"）。"无"可以用来表述天地浑沌未开之际的状况；而"有"，则是宇宙万物产生之本原的命名。因此，要常从"无"中去观察领悟"道"的奥妙；要常从"有"中去观察体会"道"

的端倪。无与有这两者，来源相同而名称相异，都可以称之为玄妙、深远。它不是一般的玄妙、深奥，而是玄妙又玄妙、深远又深远，是宇宙天地万物之奥妙的总门(从"有名"的奥妙到达无形的奥妙，"道"是洞悉一切奥妙变化的门径)。

【注释】

①第一个"道"是名词，指的是宇宙的本原和实质，引申为原理、原则、真理、规律等。第二个"道"是动词。指解说、表述的意思，犹言"说得出"。

②恒：一般的，普通的。

③第一个"名"是名词，指"道"的形态。第二个"名"是动词，说明的意思。

④无名：指无形。

⑤有名：指有形。

⑥母：母体，根源。

⑦恒：经常。

⑧眇（miao）：通妙，微妙的意思。

⑨徼（jiao）：边际、边界。引申端倪的意思。

⑩谓：称谓。此为"指称"。

(11)玄：深黑色，玄妙深远的含义。

(12)门：之门，一切奥妙变化的总门径，此用来比喻宇宙万物的唯一原"道"的门径。

第二章

【原文】

天下皆知美之为美，恶已①；皆知善，斯不善矣②。有无之相生也③，难易之相成也，长短之相刑也④，高下之相盈也⑤，音声之相和也⑥，先后之相随，恒也。是以圣人居无为之事⑦，行不言之教，万物作而弗始也⑧，为而弗志也⑨，成功而弗居也。夫唯弗居，是以弗去。

【译文】

天下人都知道美之所以为美，那是由于有丑陋的存在。都知道善之所以为善，那是因为有恶的存在。所以有和无互相转化，难和易互相形成，长和短互相显现，高和下互相充实，音与声互相谐和，前和后互相接随——这是永恒的。因此圣人用无为的观点对待世事，用不言的方式施行教化：听任万物自然兴起而不为其创始，有所施为，但不加自己的倾向，功成业就而不自居。正由于不居功，就无所谓失去。

【注释】

①恶已：恶、丑。已，通"矣"。

②斯：这。

③相：互相。

④刑：通"形"，此指比较、对照中显现出来的意思。

⑤盈：充实、补充、依存。

⑥音声：汉代郑玄为《礼记·乐记》作注时说，合奏出的乐

音叫做"音",单一发出的音响叫做"声"。

⑦圣人居无为之事:圣人,古时人所推崇的最高层次的典范人物。居,担当、担任。无为,顺应自然,不加干涉、不必管束,任凭人们去干事。

⑧作:兴起、发生、创造。

⑨弗志:弗,不。志,指个人的志向、意志、倾向。

第五章

【原文】

天地不仁,以万物为刍狗①;圣人不仁,以百姓为刍狗。天地之间,其犹橐籥乎②?虚而不屈③,动而俞出④。多闻数穷⑤,不若守于中⑥。

【译文】

天地是无所谓仁慈的,它没有仁爱,对待万事万物就像对待刍狗一样,任凭万物自生自灭。圣人也是没有仁爱的,也同样像刍狗那样对待百姓,任凭人们自作自息。天地之间,岂不像个风箱一样吗?它空虚而不枯竭,越鼓动风就越多,生生不息。政令繁多反而更加使人困惑,更行不通,不如保持虚静。

【注释】

①刍(chú)狗:用草扎成的狗。古代专用于祭祀之中,祭祀完毕,就把它扔掉或烧掉。比喻轻贱无用的东西。在本文中比喻:天地对万物,圣人对百姓都因不经意、不留心而任其自长自消,

自生自灭。正如元代吴澄据说："刍狗，缚草为狗之形，祷雨所用也。既祷则弃之，无复有顾惜之意。天地无心于爱物，而任其自生自成；圣人无心于爱民，而任其自作自息，故以刍狗为喻。"

②犹橐籥（tuoyue）：犹，比喻词，"如同"、"好象"的意思。橐籥：古代冶炼时为炉火鼓风用的助燃器具——袋囊和送风管，是古代的风箱。

③屈（gu）：竭尽，穷尽。

④俞：通愈，更加的意思。

⑤多闻数穷：闻，见闻，知识。老子认为，见多识广，有了智慧，反而政令烦苛，破坏了天道。数：通"速"，是加快的意思。穷：困穷，穷尽到头，无路可行。

⑥守中：中，通冲，指内心的虚静。守中：守住虚静。

第七章

【原文】

天长，地久①。天地之所以能长且久者，以其不自生也②，故能长生。是以圣人后其身而身先③，外其身而身存④，非以其无私邪⑤？故能成其私。

【译文】

天长地久，天地所以能长久存在，是因为它们不为了自己的生存而自然地运行着，所以能够长久生存。因此，有道的圣人遇事谦退无争，反而能在众人之中领先；将自己置于度外，反而能保全自身生存。这不正是因为他无私吗？所以能成就他的自身。

【注释】

①天长地久：长、久：均指时间长久。

②以其不自生也：因为它不为自己生存。以，因为。

③身：自身，自己。以下三个"身"字同。先：居先，占据了前位。此是高居人上的意思。

④外其身：外，是方位名词作动词用，使动用法，这里是置之度外的意思。

⑤邪（ye）：同"耶"，助词，表示疑问的语气。

第八章

【原文】

上善若水①。水善利万物而不争，处众人之所恶②，故几于道③。居，善地；心，善渊④；与，善仁⑤；言，善信；政，善治⑥；事，善能；动，善时⑦。夫唯不争，故无尤⑧。

【译文】

最善的人好像水一样。水善于滋润万物而不与万物相争，停留在众人都不喜欢的地方，所以最接近于"道"。最善的人，居处最善于选择地方，心胸善于保持沉静而深不可测，待人善于真诚、友爱和无私，说话善于恪守信用，为政善于精简处理，能把国家治理好，处事能够发挥所长，行动善于把握时机。最善的人所作所为正因为有不争的美德，所以没有过失，也就没有怨咎。

【注释】

①上善若水：上，最的意思。上善即最善。这里老子以水的形象来说明"圣人"是道的体现者，因为圣人的言行有类于水，而水德是近于道的。

②处众人之所恶：即居处于众人所不愿去的地方。

③几于道：几，接近。即接近于道。

④渊：沉静、深沉。

⑤与，善仁：与，指与别人相交相接。善仁，指有修养之人。

⑥政，善治：为政善于治理国家，从而取得治绩。

⑦动，善时：行为动作善于把握有利的时机。

⑧尤：怨咎、过失、罪过。

第十一章

【原文】

三十辐①共一毂②，当其无，有车之用③。埏埴以为器④，当其无，有器之用。凿户牖以为室⑤，当其无，有室之用。故有之以为利，无之以为用⑥。

【译文】

三十根辐条汇集到一根毂中的孔洞当中，有了车毂中空的地方，才有车的作用。揉和陶土做成器皿，有了器具中空的地方，才有器皿的作用。开凿门窗建造房屋，有了门窗四壁内的空虚部分，才有房屋的作用。所以，"有"给人便利，"无"发挥了它的作用。

【注释】

①辐：车轮中连接轴心和轮圈的木条，古时代的车轮由三十根辐条所构成。此数取法于每月三十日的历次。

②毂：音gu，是车轮中心的木制圆圈，中有圆孔，即插轴的地方。

③当其无，有车之用：有了车毂中空的地方，才有车的作用。"无"指毂的中间空的地方。

④埏埴：埏，和；埴，土。即和陶土做成供人饮食使用的器皿。

⑤户牖：门窗。

⑥有之以为利，无之以为用："有"给人便利，"无"也发挥了作用。

第十六章

【原文】

致虚极，守静笃①；万物并作②，吾以观复③。夫物芸芸④，各复归其根。归根⑤曰静，静曰⑥复命⑦。复命曰常⑧，知常曰明⑨。不知常，妄作凶。知常容⑩，容乃公，公乃全⑾，全乃天⑿，天乃道，道乃久，没身不殆。

【译文】

尽力使心灵的虚寂达到极点，使生活清静坚守不变。万物都一齐蓬勃生长，我从而考察其往复的道理。那万物纷纷芸芸，各自返回它的本根。返回到它的本根就叫做清静，清静就叫做复归于生命。复归于生命就叫自然，认识了自然规律就叫做聪明，不认识自然规律的轻妄举止，往往会出乱子和灾凶。认识自然规律的人是无所不包的，无所不包就会坦然公正，公正就能周全，周全才能符合自然的"道"，符合自然的道才能长久，终身不会遭到危险。

【注释】

①致虚极，守静笃：虚和静都是形容人的心境是空明宁静状态，但由于外界的干扰、诱惑，人的私欲开始活动。因此心灵蔽塞不安，所以必须注意"致虚"和"守静"，以期恢复心灵的清明。极、笃，意为极度、顶点。

②作：生长、发展、活动。

③复：循环往复。

④芸芸：茂盛、纷杂、繁多。

⑤归根：根指道，归根即复归于道。

⑥静曰：一本作"是谓"。

⑦复命：复归本性，重新孕育新的生命。

⑧常：指万物运动变化的永恒规律，即守常不变的规则。

⑨明：明白、了解。

⑩容：宽容、包容。

⑪全：周到、周遍。

⑫天：指自然的天，或为自然界的代称。

第十七章

【原文】

太上①，不知有之②；其次，亲而誉之；其次，畏之；其次，侮之。信不足焉，有不信焉。悠兮③，其贵言④。功成事遂，百姓皆谓"我自然"⑤。

【译文】

最好的统治者，人民并不知道他的存在；其次的统治者，人民亲近他并且称赞他；再次的统治者，人民畏惧他；更次的统治者，人民轻蔑他。统治者的诚信不足，人民才不相信他，最好的统治者是多么悠闲。他很少发号施令，事情办成功了，老百姓说"我们本来就是这样的。"

【注释】

①太上：至上、最好，指最好的统治者。

②不知有之：人民不知有统治者的存在。

③悠兮：悠闲自在的样子。

④贵言：指不轻易发号施令。

⑤自然：自己本来就如此。

第二十一章

【原文】

孔①德②之容③，惟道是从。道之为物，惟恍惟惚④。惚兮恍兮，其中有象⑤；恍兮惚兮，其中有物；窈兮冥兮⑥，其中有精⑦，其精甚真⑧，其中有信⑨，自今及古⑩，其名不去，以阅众甫⑪。吾何以知众甫之状哉？以此⑫。

【译文】

大德的形态，是由道所决定的。"道"这个东西，没有清楚的固定实体。它是那样的恍恍惚惚啊，其中却有形象。它是那样的恍恍惚惚啊，其中却有实物。它是那样的深远暗昧啊，其中却有精质；这精质是最真实的，这精质是可以信验的。从当今上溯到古代，它的名字永远不能废除，依据它，才能观察万物的初始。我怎么才能知道万事万物开始的情况呢？是从"道"认识的。

【注释】

①孔：甚，大。

②德："道"的显现和作用为"德"。

③容：运作、形态。

④恍惚：仿佛、不清楚。

⑤象：形象、具象。

⑥窈兮冥兮：窈，深远，微不可见。冥，暗昧，深不可测。

⑦精：最微小的原质，极细微的物质性的实体。微小中之最微小。

⑧甚真：是很真实的。

⑨信：信实、信验，真实可信。

⑩自今及古：一本作"自古及今"。

⑪众甫：甫与父通，引伸为始。　　⑫以此：此指道。

第二十二章

【原文】

曲则全，枉①则直，洼则盈，敝②则新，少则得，多则惑。是以圣人抱一③为天下式④。不自见⑤，故明⑥；不自是，故彰，不自伐⑦，故有功；不自矜，故长。夫唯不争，故天下莫能与之争。古之所谓"曲则全"者，岂虚言哉？诚全而归之。

【译文】

委曲便会保全，屈枉便会直伸；低洼便会充盈，陈旧便会更新；少取便会获得，贪多便会迷惑。所以有道的人坚守这一原则作为天下事理的范式，不自我表扬，反能显明；不自以为是，反能是非彰明；不自己夸耀，反能得有功劳；不自我矜持，所以才能长久。正因为不与人争，所以遍天下没有人能与他争。古时所谓"委曲便会保全"的话，怎么会是空话呢？它实实在在能够达到。

【注释】

①枉：屈、弯曲。

②敝：凋敝。

③抱一：抱，守。一，即道。此意为守道。

④式：法式，范式。

⑤见：音xian，同现。

⑥明：彰明。

⑦伐：夸。

第二十五章

【原文】

有物混成①，先天地生。寂兮寥兮②，独立而不改③，周行而不殆④，可以为天地母⑤。吾不知其名，强字之曰：道⑥，强为之名曰：大⑦。大曰逝⑧，逝曰远，远曰反⑨。故道大，天大，地大，人亦大⑩。域中⑪有四大，而人居其一焉。人法地，地法天，天法道，道法自然⑫。

【译文】

有一个东西混然而成，在天地形成以前就已经存在。听不到它的声音也看不见它的形体，寂静而空虚，不依靠任何外力而独立长存永不停息，循环运行而永不衰竭，可以作为万物的根本。我不知道它的名字，所以勉强把它叫做"道"，再勉强给它起个名字叫做"大"。它广大无边而运行不息，运行不息而伸展遥远，伸展遥远而又返回本原。所以说道大、天大、地大、人也大。宇宙间有四大，而人居其中之一。人取法地，地取法天，天取法"道"，而道纯任自然。

【注释】

①物：指"道"。混成：混然而成，指浑朴的状态。

②寂兮寥兮：没有声音，没有形体。

③独立而不改：形容"道"的独立性和永恒性，它不靠任何外力而具有绝对性。

④周行：循环运行。不殆：不息之意。

⑤天地母：一本作"天下母"。母，指"道"，天地万物由"道"而产生，故称"母"。

⑥强字之曰道：勉强命名它叫"道"。

⑦大：形容"道"是无边无际的、力量无穷的。

⑧逝：指"道"的运行周流不息，永不停止的状态。

⑨反：另一本作"返"。意为返回到原点，返回到原状。

⑩人亦大：一本作"王亦大"，意为人乃万物之灵，与天地并立而为三才，即天大、地大、人亦大。

⑪域中：即空间之中，宇宙之间。

⑫道法自然："道"纯任自然，本来如此。

第二十七章

【原文】

善行，无辙迹①；善言②，无瑕谪③；善数④，不用筹策⑤；善闭，无关楗而不可开⑥；善结，无绳约而不可解⑦。是以圣人常善救人，故无弃人；常善救物，故无弃物。是谓袭明⑧。故善人者，不善人之师；不善人者，善人之资⑨。不贵其师，不爱其资，虽智大迷，是谓要妙⑩。

【译文】

善于行走的，不会留下辙迹；善于言谈的，不会发生病疵；善于计数的，用不着竹码子；善于关闭的，不用栓梢而使人不能打开；善于捆缚的，不用绳索而使人不能解开。因此，圣人经常挽救人，所以没有被遗弃的人；经常善于物尽其用，所以没有被废弃的物品。这就叫做内藏着的聪明智慧。所以善人可以做为恶人们的老师，不善人可以作为善人的借鉴。不尊重自己的老师，不爱惜他的借鉴作用，虽然自以为聪明，其实是大大的糊涂。这就是精深微妙的道理。

【注释】

① 撤迹：轨迹，行车时车轮留下的痕迹。

② 善言：指善于采用不言之教。

③ 瑕谪：过失、缺点、疵病。

④ 数：计算。

⑤ 筹策：古时人们用作计算的器具。

⑥ 关楗：栓梢。古代家户里的门有关，即栓；有楗，即梢，是木制的。

⑦ 绳约：绳索。约，指用绳捆物。

⑧ 袭明：内藏智慧聪明。袭，覆盖之意。

⑨ 资：取资、借鉴的意思

⑩ 要妙：精要玄妙，深远奥秘。

第三十三章

【原文】

知人者智，自知者明。胜人者有力，自胜者强①。知足者富，强行②者有志，不失其所者久，死而不亡③者寿。

【译文】

能了解、认识别人叫做智慧，能认识、了解自己才算聪明。能战胜别人是有力的，能克制自己的弱点才算刚强。知道满足的人才是富有人。坚持力行、努力不懈的就是有志。不离失本分的人就能长久不衰，身虽死而"道"仍存的，才算真正的长寿。

【注释】

①强：刚强、果决。

②强行：坚持不懈、持之以恒。

③死而不亡：身虽死而"道"犹存。

第三十四章

【原文】

大道氾兮①，其可左右。万物恃之以生而不辞②，功成而不有③。衣养④万物而不为主⑤，常无欲⑥，可名于小⑦；万物归焉而不为主，可名为大⑧。以其终不自为大，故能成其大。

【译文】

大道广泛流行，左右上下无所不到。万物依赖它生长而不推辞，完成了功业，办妥了事业，而不占有名誉。它养育万物而不自以为主，可以称它为"小"，万物归附而不自以为主宰，可以称它为"大"。正因为他不自以为伟大，所以才能成就它的伟大、完成它的伟大。

【注释】

①氾：同泛，广泛或泛滥。

②辞：言词，称说。不辞，意为不说三道四，不推辞、不辞让。

③不有：不自以为有功。

④衣养：一本作"衣被"，意为覆盖。

⑤不为主：不自以为主宰。

⑥常无欲：一本无此二字，认为此乃衍文。

⑦小：渺小。

⑧大：伟大。

第三十七章

【原文】

道常无为而无不为①。候王若能守之②，万物将自化③。化而欲作④，吾将镇之以无名之朴⑤，镇之以无名之朴，夫将不欲⑥。不欲以静，天下将自定⑦。

【译文】

道永远是顺任自然而无所作为的，却又没有什么事情不是它所作为的。侯王如果能按照"道"的原则为政治民，万事万物就会自我化育、自生自灭而得以充分发展。自生自长而产生贪欲时，我就要用"道"来镇住它。用"道"的真朴来镇服它，就不会产生贪欲之心了，万事万物没有贪欲之心了，天下便自然而然达到稳定、安宁。

【注释】

①无为而无不为:"无为"是指顺其自然,不妄为。"无不为"是说没有一件事是它所不能为的。

②守之:即守道。之,指道。

③自化:自我化育、自生自长。

④欲:指贪欲。

⑤无名之朴:"无名"指"道"。"朴"形容"道"的真朴。

⑥不欲:一本作"无欲"。

⑦自定:一本作"自正"。

第四十章

【原文】

反者道之动①,弱者②道之用。天下万物生于有③,有生于无④。

【译文】

循环往复的运动变化,是道的运动,道的作用是微妙、柔弱的。天下的万物产生于看得见的有形质,有形质又产生于不可见的无形质。

【注释】

①反者:循环往复。一说意为相反,对立面。

②弱者:柔弱、渺小。

③有:这里指道的有形质,与一章中"有名万物之母的"的有"相同。但不是有无相生的"有"字。

④无：与一章中的"无名天地之始"的"无"相同。但不同于"有无相生"的"无"。此处的"无"指超现实世界的形上之道。

第四十一章

【原文】

上士闻道，勤而行之；中士闻道，若存若亡；下士闻道，大笑之。不笑不足以为道。故建言①有之：明道若昧，进道若退，夷道若纇②。上德若谷；大白若辱③；广德若不足；建德若偷④；质真若渝⑤。大方无隅⑥；大器晚成；大音希声；大象无形；道隐无名。夫唯道，善贷且成⑦。

【译文】

上士听了道的理论，努力去实行；中士听了道的理论，将信将疑；下士听了道的理论，哈哈大笑。不被嘲笑，那就不足以成其为道了。因此古时立言的人说过这样的话：光明的道好似暗昧；前进的道好似后退；平坦的道好似崎岖；崇高的德好似峡谷；广大的德好像不足；刚健的德好似怠惰；质朴而纯真好像混浊未开。最洁白的东西，反而含有污垢；最方正的东西，反而没有棱角；最大的声响，反而听来无声无息；最大的形象，反而没有形状。道幽隐而没有名称，无名无声。只有"道"，才能使万物善始善终。

【注释】

①建言：立言。

②夷道若纇：夷，平坦；纇，崎岖不平、坎坷曲折。

③大白若辱：辱，黑垢。一说此句应在"大方无隅"一句之前。

④建德若偷：刚健的德好像怠惰的样子。偷，意为惰。

⑤质真若渝：渝，变污。质朴而纯真好像浑浊。

⑥大方无隅：隅，角落、墙角。最方整的东西却没有角。

⑦善贷且成：贷，施与、给予。引申为帮助、辅助之意。此句意为：道使万物善始善终，而万物自始至终也离不开道。

第四十七章

【原文】

不出户，知天下；不窥牖①，见天道②。其出弥远，其知弥少。是以圣人不行而知，不见而明③，不为而成④。

【译文】

不出门户，就能够推知天下的事理；不望窗外，就可以认识日月星辰运行的自然规律。他向外奔逐得越远，他所知道的道理就越少。所以，有"道"的圣人不出行却能够推知事理，不窥见而能明了"天道"，不妄为而可以有所成就。

【注释】

①窥牖：窥，从小孔隙里看；牖，音 you，窗户。

②天道：日月星辰运行的自然规律。

③不见而明：一本作"不见而名"。此句意为不窥见而明天道。

④不为：无为、不妄为。

第四十八章

【原文】

为学日益①，为道日损②，损之又损，以至于无为。无为而无不为③，取④天下常以无事⑤；及其有事⑥，不足以取天下。

【译文】

求学的人，其情欲文饰一天比一天增加；求道的人，其情欲文饰则一天比一天减少。减少又减少，到最后以至于"无为"的境地。如果能够做到无为，即不妄为，任何事情都可以有所作为。治理国家的人，要经常以不骚扰人民为治国之本，如果经常以繁苛之政扰害民众，那就不配治理国家了。

【注释】

①为学日益：为学，是反映探求外物的知识。此处的"学"当指政教礼乐。日益：指增加人的知见智巧。

②为道日损：为道，是通过冥想或体验的途径，领悟事物未分化状态的"道"。此处的"道"，指自然之道，无为之道。损，指情欲文饰日渐泯损。

③无为而无不为：不妄为，就没有什么事情做不成。

④取：治、摄化之意。

⑤无事：即无扰攘之事。

⑥有事：繁苛政举在骚扰民生。

第四十九章

【原文】

圣人常无心①，以百姓之心为心。善者，吾善之；不善者，吾亦善之，德善②。信者，吾信之；不信者，吾亦信之，德信。圣人在天下，歙歙焉③为天下浑其心④，百姓皆注其耳目⑤，圣人皆孩之⑥。

【译文】

圣人常常是没有私心的，以百姓的心为自己的心。对于善良的人，我善待于他；对于不善良的人，我也善待他，这样就可以得到善良了，从而使人人向善。对于守信的人，我信任他；对不守信的人，我也信任他，这样可以得到诚信了，从而使人人守信。有道的圣人在其位，收敛自己的欲意，使天下的心思归于浑朴。百姓们都专注于自己的耳目聪明，有道的人使他们都回到婴孩般纯朴的状态。

【注释】

①常无心：一本作无常心。意为长久保持无私心。

②德：假借为"得"。

③歙：音Xi，意为吸气。此处指收敛意欲。

④浑其心：使人心思化归于浑朴。

⑤百姓皆注其耳目：百姓都使用自己的智谋，生出许多事端。

⑥圣人皆孩之：圣人使百姓们都回复到婴孩般纯真质朴的状态。

第五十二章

【原文】

天下有始①,以为天下母②。既得其母,以知其子③;既知其子,复守其母,没身不殆。塞其兑,闭其门④,终身不勤⑤。开其兑,济其事⑥,终身不救。见小曰明⑦,守柔曰强⑧。用其光,复归其明⑨,无遗身殃⑩;是为袭常⑾。

【译文】

天地万物本身都有起始,这个始作为天地万物的根源。如果知道根源,就能认识万物,如果认识了万事万物,又把握着万物的根本,那么终身都不会有危险。塞住欲念的孔穴,闭起欲念的门径,终身都不会有烦扰之事。如果打开欲念的孔穴,就会增添纷杂的事件,终身都不可救治。能够察见到细微的,叫做"明";能够持守柔弱的,叫做"强"。运用其光芒,返照内在的明,不会给自己带来灾难,这就叫做万世不绝的"常道"。

【注释】

①始:本始,此处指"道"。

②母:根源,此处指"道"。

③子:派生物,指由"母"所产生的万物。

④塞其兑,闭其门:兑,指口,引伸为孔穴;门,指门径。此句意为:塞住嗜欲的孔穴,闭上欲念的门径。

⑤勤:劳作。

⑥开其兑,济其事:打开嗜欲的孔穴,增加纷杂的事件。

⑦见小曰明：小，细微。能察见细微，才叫做"明"

⑧强：强健，自强不息。

⑨用其光，复归其明：光向外照射，明向内透亮。发光体本身为"明"，照向外物为光。

⑩无遗身殃：不给自己带来麻烦和灾祸。

⑪袭常：袭承常道。

第五十六章

【原文】

知者不言，言者不知①。塞其兑，闭其门②；挫其锐，解其纷；和其光，同其尘③，是谓玄同④。故不可得而亲，不可得而疏；不可得而利，不可得而害；不可得而贵，不可得而贱⑤；故为天下贵。

【译文】

聪明的智者不多说话，而到处说长论短的人就不是聪明的智者。塞堵住嗜欲的孔窍，关闭住嗜欲的门径。不露锋芒，消解纷争，挫去人们的锋芒，解脱他们的纷争，收敛他们的光耀，混同他们的尘世，这就是深奥的玄同。达到"玄同"境界的人，已经超脱亲疏、利害、贵贱的世俗范围，所以就为天下人所尊重。

【注释】

①知者不言，言者不知：此句是说，知道的人不说，爱说的人不知道。另一种解释是，聪明的人不多说话，到处说长论短的人不聪明。还有一种解释是，得"道"的人不强施号令，一切顺

乎自然；强施号令的人却没有得"道"。此处采用第二种解释。

②塞其兑，闭其门：塞堵嗜欲的孔窍，关闭起嗜欲的门径。

③挫其锐，解其纷；和其光，同其尘：此句意为挫去其锐气，解除其纷扰，平和其光耀，混同其尘世。

④玄同：玄妙齐同，此处也是指"道"。

⑤不可得而亲，不可得而疏；不可得而利，不可得而害；不可得而贵，不可得而贱：这几句是说"玄同"的境界已经超出了亲疏、利害、贵贱等世俗的范畴。

第五十八章

【原文】

其政闷闷①，其民淳淳②；其政察察③，其民缺缺④。祸兮，福之所倚；福兮，祸之所伏。孰知其极：其无正也⑤。正复为奇，善复为妖⑥。人之迷，其日固久⑦。是以圣人方而不割⑧，廉而不刿⑨，直而不肆⑩，光而不耀⑪。

【译文】

政治宽厚清明，人民就淳朴忠诚；政治苛酷黑暗，人民就狡黠、抱怨。灾祸啊，幸福依傍在它的里面；幸福啊，灾祸藏伏在它的里面。谁能知道究竟是灾祸呢还是幸福呢？它们并没有确定的标准。正忽然转变为邪的，善忽然转变为恶的，人们的迷惑，由来已久了。因此，有道的圣人方正而不生硬，有棱角而不伤害人，直率而不放肆，光亮而不刺眼。

【注释】

①闷闷：昏昏昧昧的状态，有宽厚的意思。

②淳淳：一本作"沌沌"，淳朴厚道的意思。

③察察：严厉、苛刻。

④缺缺：狡黠、抱怨、不满足之意。

⑤其无正也：正，标准、确定；其，指福、祸变换。此句意为：它们并没有确定的标准。

⑥正复为奇，善复为妖：正，方正、端正；奇，反常、邪；善，善良；妖，邪恶。这句话意为：正的变为邪的，善的变成恶的。

⑦人之迷，其日固久：人的迷惑于祸、福之门，而不知其循环相生之理者，其为时日必已久矣。（严灵峰释语）

⑧方而不割：方正而不割伤人。

⑨廉而不刿：廉，锐利；刿，割伤。此句意为：锐利而不伤害人。

⑩直而不肆：直率而不放肆。

⑪光而不耀：光亮而不刺眼。

第六十一章

【原文】

大邦①者下流，天下之牝，天下之交也②。牝常以静胜牡，以静为下。故大邦以下小邦，则取小邦；小邦以下大邦，则取大邦。故或下以取，或下而取③。大邦不过欲兼畜人④，小邦不过欲入事人。夫两者各得所欲，大者宜为下。

【译文】

大国要像居于江河下游那样，使天下百川河流交汇在这里，处在天下雌柔的位置。雌柔常以安静守定而胜过雄强，这是因为它居于柔下的缘故。所以，大国对小国谦下忍让，就可以取得小国的信任和依赖；小国对大国谦下忍让，就可以见容于大国。所以，或者大国对小国谦让而取得大国的信任，或者小国对大国谦让而见容于大国。大国不要过分想统治小国，小国不要过分想顺从大国，两方面各得所欲求的，大国特别应该谦下忍让。

【注释】

①邦：一本作国。

②天下之牝，天下之交也：一本作天下之交，天下之牝也。交，会集、会总。

③或下而取：下，谦下；取，借为聚。

④兼畜人：把人聚在一起加以养护。

第六十三章

【原文】

为无为，事无事，味无味①。大小多少②。报怨以德③。图难于其易，为大于其细；天下难事，必作于易；天下大事，必作于细。是以圣人终不为大④，故能成其大。夫轻诺必寡信，多易必多难。是以圣人犹难之，故终无难矣。

【译文】

以无为的态度去有所作为,以不滋事的方法去处理事物,以恬淡无味当作有味。大生于小,多起于少。处理问题要从容易的地方入手,实现远大要从细微的地方入手。天下的难事,一定从简易的地方做起;天下的大事,一定从微细的部分开端。因此,有"道"的圣人始终不贪图大贡献,所以才能做成大事。那些轻易发出诺言的,必定很少能够兑现的,把事情看得太容易,势必遭受很多困难。因此,有道的圣人总是看重困难,所以就终于没有困难了。

【注释】

①为无为,事无事,味无味:此句意为把无为当作为,把无事当作事,把无味当作味。

②大小多少:大生于小,多起于少。另一解释是大的看作小,小的看作大,多的看作少,少的看作多,还有一说是,去其大,取其小,去其多,取其少。

③报怨以德:此句当移至七十九章"必有余怨"句后,故此处不译。

④不为大:是说有道的人不自以为大。

第六十四章

【原文】

其安易持,其未兆易谋;其脆易泮①,其微易散。为之于未有,治之于未乱。合抱之木，生于毫末②；九层之台，起于累土③；千里之行，始于足下。为者败之，执者失之④。是以圣人无为故无败，无执故无失⑤。民之从事，常于几成而败之。慎终如始，则无败事。是以圣人欲不欲，不贵难得之货，学不学⑥，复众人之所过，以辅万物之自然而不敢为⑦。

【译文】

局面安定时容易保持和维护，事变没有出现迹象时容易图谋；事物脆弱时容易消解；事物细微时容易散失；做事情要在它尚未发生以前就处理妥当；治理国政，要在祸乱没有产生以前就早做准备。合抱的大树，生长于细小的萌芽；九层的高台，筑起于每一堆泥土；千里的远行，是从脚下第一步开始走出来的。有所作为的将会招致失败，有所执着的将会遭受损害。因此圣人无所作为所以也不会招致失败，无所执着所以也不遭受损害。人们做事情，总是在快要成功时失败，所以当事情快要完成的时候，也要像开始时那样慎重，就没有办不成的事情。因此，有道的圣人追求人所不追求的，不稀罕难以得到的货物，学习别人所不学习的，补救众人所经常犯的过错。这样遵循万物的自然本性而不会妄加干预。

【注释】

①其脆易泮：泮，散，解。物品脆弱就容易消解。

②毫末：细小的萌芽。

③累土：堆土。

④为者败之，执者失之：一说是二十九章错简于此。

⑤是以圣人无为故无败，无执故无失：此句仍疑为二十九章错简于本章。

⑥学：这里指办事有错的教训。

⑦而不敢为：此句也疑为错简。

第六十六章

【原文】

江海之所以能为百谷王①者，以其善下之，故能为百谷王。是以圣人②欲上民，必以言下之；欲先民，必以身后之。是以圣人处上而民不重③，处前而民不害。是以天下乐推而不厌。以其不争，故天下莫能与之争。

【译文】

江海所以能够成为百川河流所汇往的地方，乃是由于它善于处在低下的地方，所以能够成为百川之王。因此，圣人要领导人民，必须用言辞对人民表示谦下，要想领导人民，必须把自己的利益放在他们的后面。所以，有道的圣人虽然地位居于人民之上，而人民并不感到负担沉重；居于人民之前，而人民并不感到受害。天下的人民都乐意推戴而不感到厌倦。因为他不与人民相争，所以天下没有人能和他相争。

【注释】

①百谷王：百川狭谷所归附。

②圣人：一本无此二字。

③重：累、不堪重负。

第六十七章

【原文】

天下皆谓我"道"大①，似不肖②。夫唯大，故似不肖。若肖，久矣其细也夫③！我有三宝④，持而保之：一曰慈，二曰俭⑤，三曰不敢为天下先。慈故能勇⑥；俭故能广⑦；不敢为天下先，故能成器长⑧。今舍慈且⑨勇；舍俭且广；舍后且先；死矣！夫慈，以战则胜⑩，以守则固。天将救之，以慈卫之。

【译文】

天下人能说"我道"伟大，不像任何具体事物的样子。正因为它伟大，所以才不像任何具体的事物。如果它像任何一个具体的事物，那么"道"也就显得很渺小了。我有三件法宝执守而且保全它：第一件叫做慈爱；第二件叫做俭啬；第三件是不敢居于天下人的前面。有了这柔慈，所以能勇武；有了俭啬，所以能大方；不敢居于天下人之先，所以能成为万物的首长。现在丢弃了柔慈而追求勇武；丢弃了啬俭而追求大方；舍弃退让而求争先，结果是走向死亡。慈爱，用来征战，就能够胜利，用来守卫就能巩固。天要援助谁，就用柔慈来保护他。

【注释】

①我道大：道即我，我即道。"我"不是老子用作自称之词。

②似不肖：肖，相似之意。意为不像具体的事物。一说，没有任何东西和我相似。

③若肖，久矣其细也夫：以上这一段，有学者认为是它章错简。

④三宝：三件法宝，或三条原则。

⑤俭：啬，保守，有而不尽用。

⑥慈故能勇：仁慈所以能勇武。

⑦俭故能广：俭啬所以能大方。

⑧器长：器，指万物。万物的首长。

⑨且：取。

⑩以战则胜：一本作"以阵则亡"。

第七十章

【原文】

吾言甚易知，甚易行。天下莫能知，莫能行。言有宗①，事有君②，夫唯无知③，是以不我知。知我者希，则④我者贵。是以圣人被褐⑤而怀玉⑥。

【译文】

我的话很容易理解，很容易施行。但是天下竟没有谁能理解，没有谁能实行。言论有主旨，行事有根据。正由于人们不理解这个道理，因此才不理解我。能理解我的人很少，那么能取法于我的人就更难得了。因此有道的圣人总是穿着粗布衣服，怀里揣着美玉。

【注释】

①言有宗：言论有一定的主旨。

②事有君：办事有一定的根据。一本"君"作"主"。"君"指有所本。

③无知：指别人不理解。一说指自己无知。

④则：法则。此处用作动词，意为效法。

⑤被褐：被，穿着；褐，粗布。

⑥怀玉：玉，美玉，此处引申为知识和才能。"怀玉"意为怀揣着知识和才能。

第七十一章

【原文】

知不知①，尚矣②；不知知③，病也。圣人不病，以其病病④。夫唯病病，是以不病。

【译文】

知道自己还有所不知，这是很高明的。不知道却自以为知道，这就是很糟糕的。有道的圣人没有缺点，因为他把缺点当作缺点。正因为他把缺点当作缺点，所以，他没有缺点。

【注释】

①知不知：注解家们一般对此句有两种解释。一说知道却不自以为知道，一说知道自己有所不知。

②尚矣："尚"通"上"。

③不知知：不知道却自以为知道。

④病病：病，毛病、缺点。把病当作病。

第七十六章

【原文】

人之生也柔弱①，其死也坚强②。草木③之生也柔脆④，其死也枯槁⑤。故坚强者死之徒⑥，柔弱者生之徒⑦。是以兵强则灭，木强则折⑧。强大处下，柔弱处上。

【译文】

人活着的时候身体是柔软的，死了以后身体就变得僵硬。草木生长时是柔软脆弱的，死了以后就变得干硬枯槁了。所以坚强的东西属于死亡的一类，柔弱的东西属于生长的一类。因此，用兵逞强就会遭到灭亡，树木强大了就会遭到砍伐摧折。凡是强大的，总是处于下位，凡是柔弱的，反而居于上位。

【注释】

①柔弱：指人活着的时候身体是柔软的。

②坚强：指人死了以后身体就变成僵硬的了。

③草木：一本在此之前有"万物"二字。

④柔脆：指草木形质的柔软脆弱。

⑤枯槁：用以形容草木的干枯。

⑥死之徒：徒，类的意思，属于死亡的一类。

⑦生之徒：属于生存的一类。

⑧兵强则灭，木强则折：一本作"兵强则不胜，木强则兵"。

第七十七章

【原文】

天之道，其犹张弓与？高者抑下，下者举之，有余者损之，不足者补之。天之道，损有余而补不足。人之道①，则不然，损不足以奉有余。孰能有余以奉天下，唯有道者。是以圣人为而不恃，功成而不处，其不欲见贤②。

【译文】

自然的规律，不是很像张弓射箭吗？弦拉高了就把它压低一些，低了就把它举高一些，拉得过满了就把它放松一些，拉得不足了就把它补充一些。自然的规律，是减少有余的补给不足的。可是社会的法则却不是这样，要减少不足的，来奉献给有余的人。那么，谁能够减少有余的，以补给天下人的不足呢？只有有道的人才可以做到。因此，有道的圣人这才有所作为而不占有，有所成就而不居功。他是不愿意显示自己的贤能。

【注释】

①人之道：指人类社会的一般法则、律例。

②是以圣人为而不恃，功成而不处，其不欲见贤：陈鼓应先生认为这三句与上文不连贯疑为错简复出。此处仍予保留。

第七十八章

【原文】

天下莫柔弱于水，而攻坚强者莫之能胜，以其无以易之①。弱之胜强，柔之胜刚，天下莫不知，莫能行。是以圣人云："受国之垢②，是谓社稷主；受国不祥③，是为天下王。"正言若反④。

【译文】

遍天下再没有什么东西比水更柔弱了，而攻坚克强却没有什么东西可以胜过水。弱胜过强，柔胜过刚，遍天下没有人不知道，但是没有人能实行。所以有道的圣人这样说："承担全国的屈辱，才能成为国家的君主，承担全国的祸灾，才能成为天下的君王。"正面的话好像在反说一样。

【注释】

①无以易之：易，替代、取代。意为没有什么能够代替它。

②受国之垢：垢，屈辱。意为承担全国的屈辱。

③受国不祥：不祥，灾难，祸害。意为承担全国的祸难。

④正言若反：正面的话好像反话一样。

后　记

　　本书的创作得益于三个方面：一是工作平台给予管理经验的日积月累，二是对九型人格的深入学习，三是机缘下苦读《道德经》的感悟，在"为学日益，为道日损"的过程中得到一些启发和灵感，最初并没有计划写书成册，仅是做文字性的整理总结，让内部员工懂得并了解自己及他人性格的优劣势，做到自知自强，唯才是用，理人有"道"。

　　夜深人静，看万家灯火皆灭，唯吾灯光独亮，内心充满感激。我是非常幸运的人，大学毕业近二十年，服务两家企业，有人给我鼓励，有人给我关怀，有人给我帮助，有人给我力量，内心深处从未忘记对大家的感谢！感恩领导们给我的平台和机会，我不是最优秀的员工，但我遇到最睿智宽容的领导，常怀感激！我也希望自己能帮助更多的人，让生命中的有缘人因我而受益，遂开启了此次的创作之路！

　　动笔之后，异常兴奋，近二十年的职场经历与管理所感，十年的性格探索与深度思考，五余年的国学了解与苦读专研，奋指敲键，一气呵成，完成了初稿，不负起笔的初心，不负奋笔疾书的执念。

本书在创作编辑校对过程中，感谢金域医学集团副总裁蔡田先生，他的支持与鼓励是我写书的重要动力；感谢国际九型人格实战专家、中国九型人格导师协会副会长，我的导师张立波先生；中国九型导师协会学术发展研究中心主任、华师大高级心理培训中心导师洪新导师；九型书院创始人李鸿彬导师，是他们带我走入九型人格的世界，让我因九型人格而获益，让我洞悉性格的本质而有所悟；感谢张伟先生，不仅提出了很多中肯的建议，还提供了一些实战案例；感谢张荣华女士，耐心细致地为文章润色，并在繁忙之中为本书写序；感谢耿秋月承担了本书初稿的校对工作；感谢孔静绘制了书中若干图件；感谢郑州金域市场部王雨蕊经理，带领市场部团队反反复复阅读初稿并提出宝贵的修改建议。谢谢你们，是你们让本书更通俗易懂、简明实用！

感谢本书在创作过程中一路有你，有你们！

感恩有你，笃信前行……

再拜以致谢！

作者：刘佳灵

2018年12月12日